人物叢書

新装版

かく　にょ

重松明久

日本歴史学会編集

吉川弘文館

覚 如 画 像　　（西本願寺蔵）

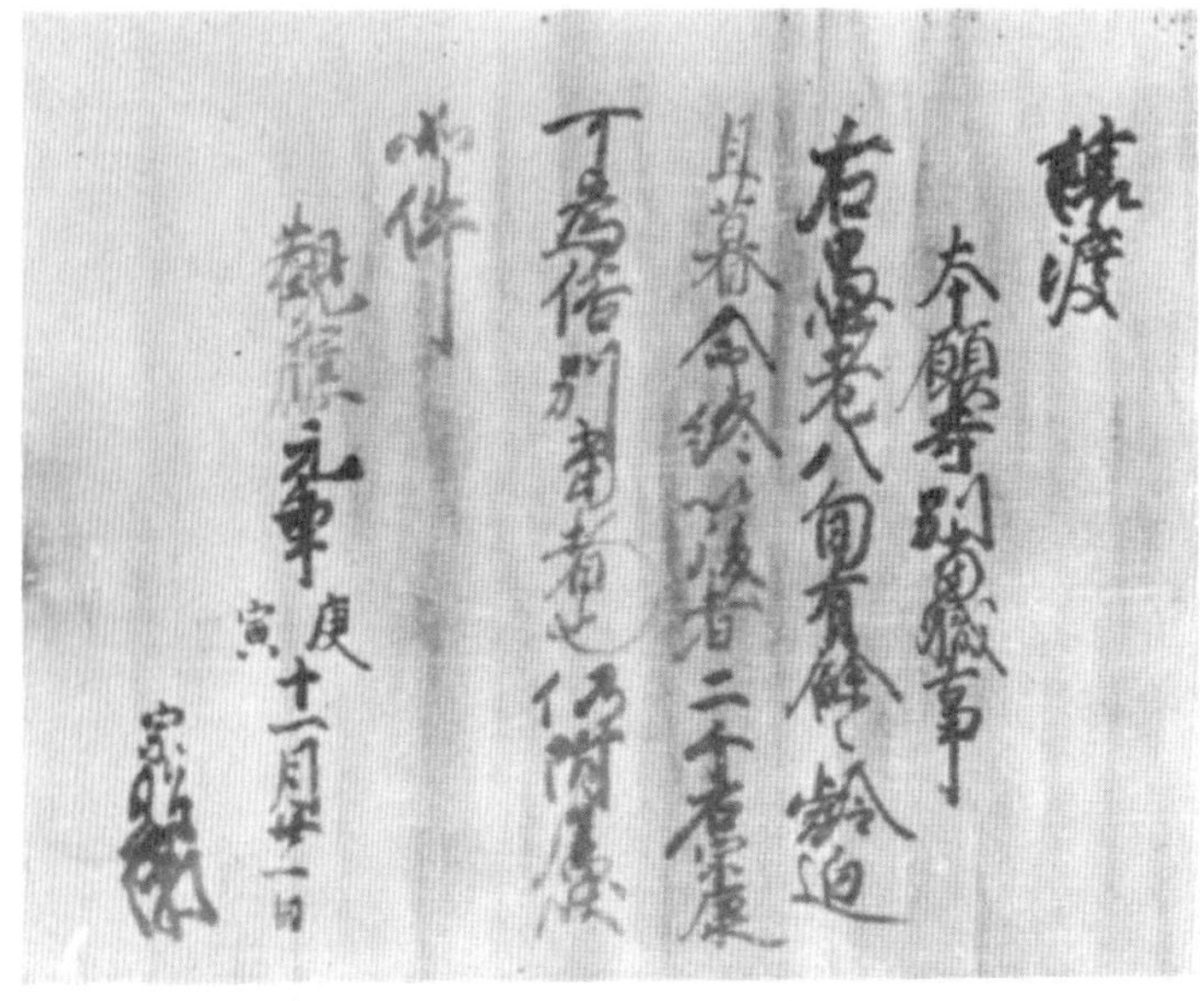

覚如筆本願寺別当職譲状 （西本願寺蔵）

譲渡
　本願寺別当職事
右、愚老八旬有余之齢、迫
旦暮、命終以後者、二千石宗康
可為俗別当者也、仍附属状
如件
　観応元年庚寅十一月廿一日
　　宗昭（花押）

（本文二二二ページ参照）

はしがき

真宗史上、親鸞や蓮如の伝記は数多いが、覚如に関して、単行本として刊行されたものは、絶無に近い。いわば、両巨峰の間に埋没して、その影はきわめて薄い。もちろん、真宗教義の完成者は親鸞であり、また、その教団的発展は蓮如の功に帰しなければならない。しかし、蓮如が親鸞の思想的遺産を継受して、教団としての飛躍的発展を実現するための、いわば跳躍台としての役割は、覚如にみとめざるをえない。全盛期の花景色も美しいが、しかし、風雪に堪えて、ひたすらエネルギーを蓄積した雌伏（しふく）期に関する興味も、つきないものがある。蓮如によって完成された本願寺教団樹立の基礎工事の施工者としての、覚如の果した業績について、軽視することは、決して許されないであろう。

ところで、覚如に対する従来の人物評価は、かなり冷淡である。いわく、親鸞の思想は、覚如によって歪曲された。親鸞に教団建設の意図はなかったが、覚如の本願寺創建によって、世俗的権威化が推進された。東国門弟の離反はもちろん、実子存覚さえも、あえて義絶してしまった偏狭な性格の持主であった、等々。しかし、この小著においては、覚如の人物評価、ことに、かれの業績の功罪を論評する意図は、毛頭ないことをことわっておきたい。ただ、実証的にかれの行実を直視し、事実に即した行動記録が、企図されたものにすぎない。覚如の究極的な人物論評については、ここに記録したかれの行実を材料として、むしろ読者各位に、これをゆだねておきたいと思う。もちろん、覚如の生きた時代環境としての南北朝時代が、日本の封建革命の胎動期に当っており、一面、宗教界においても、古代的な善根主義的仏教が傾頽期に入りつつあった混沌の中にあって、民衆的な中世仏教のまさに固成されようとする転換期に当っており、これらの政治的・社会的ならびに宗教的環境のなかにあって、自己自身の道を貫ぬこうとした、覚如自身の立場に即しつつ、かれの果した史的役割が評価されなければならないことは、改めてのべるまでもないが。

ところで、この叢書の一冊として、覚如の伝記の執筆をひきうけながら、徒らに遅延を重ねてしまったのは、実は覚如の思想や人物像の把握が、私自身にとって、決して容易でなかったことにも一因があることを、率直にのべておきたい。さらに、菲才の身の思い違いから、思想の理解や史実の認識において、過誤を犯した点もあるのではなかろうかと危惧されるのであり、大方の御批正を切にお願いしたい。

なお、貴重な写真の掲載を許可いただいた西本願寺等、ことに、大部分の写真の提供に預った本願寺史編纂所、さらには、この書の出版について、種々御面倒をおかけした日本歴史学会編集部の方々に対し、感謝の微意を表したいと思う。

昭和三十九年五月一日

重　松　明　久

目次

口絵

挿図

一　生いたち

覚如、本願寺を創建す

こんにち、日本の宗教界に君臨する本願寺の創建者は、覚如である。このことは、案外一般的には知られていないように思う。本願寺教団の思想的基礎は、真宗系他派諸教団と同じく、もちろん親鸞の教義にある。しかし、本願寺ならびに真宗系諸派と、親鸞との間に、寺院形式を媒介とするかぎり、直接的な関係は、なんら認められないといわざるをえない。

親鸞は寺院によらず

親鸞は生涯の間に、京都を起点として、北陸から関東、さらに、京都を終点とする遍歴の旅を重ねたが、北陸においてはもちろん、思想的に完成の域に到達したと思われる関東においても、寺院を拠点とする布教を試みた形跡は、全く認められない。覚如の『親鸞聖人伝絵』にも、「長安洛陽の栖(すみか)もあとをとどむるに嬾(ものう)

しとて、扶風・馮翊（ともに長安付近の小都市）ところ〴〵に移住したまひき」として、帰洛後の親鸞が、意識的に転居を重ねたことをのべている。『伝絵』によれば、親鸞の仮寓の位置として、五条西洞院付近等があげられているが、終焉の地は押小路南、万里小路東にあたる庵室であったという。ふつうに、この庵室は、親鸞の弟尋有僧都の善法坊であったとされる。

親鸞は本寺本山を否定す

　したがって、晩年の親鸞が、自らの拠るべき一寺をも経営していなかったことは、事実である。『愚禿悲歎述懐和讃』末尾にも、「この世の本寺本山のいみじき僧とまをすも、法師とまをすもうきことなり」といい、いわゆる南都北嶺の本寺本山を牙城とする寺院仏教に、するどい批判の眼を向けている。その理由は、単にこれら旧仏教系寺院における宗教的生命の涸渇ゆえにのみあるのではない。かれが関東時代から京都在住を通じて、寺院形式をとらなかったのは、その思想的立場が、信心為本と俗人性の双脚に支えられているという、思想の深層から発した当然の帰結であったと思う。

親鸞の思想埋没せんとす

宗教思想と世俗的権威としての寺院

親鸞は民衆の中に埋没し、民衆の一人としての生涯を貫ぬいた。したがって、かつてかれは権威の衣をまとったことがなかった。かれが関東から帰洛後、関東在住の門弟たちの間に横行した異端邪信に、いかに悩まされていたかは、その消息が如実に物語っている。かれの思想は、きわめて独創的・革新的なものであっただけに、民衆の間に、正しく受容されることは、甚だしく困難であったと思う。しかも、かれは権威象徴的な形式を一切遺さなかったために、かれの死後いくばくならずして、関東門徒団をはじめ、いたるところで、生い茂る異端邪説の雑草のまえに、かれの思想的遺産は、ついに、埋没し去ろうとしていた。宗教の世界にあっては、思想的成果が寺院という世俗的権威による規正を伴わなければ、その純正さを、脅かされやすいという消息を、親鸞なき後の原始真宗教団が如実に物語る。思想と世俗的権威、この両者は、往々にして二律背反的な対立的なものであるが、時には不可欠の要素として、相互に潔(いさ)ぎよく訣別しえない運命を、宗教の世界では、担っているのではなかろうかとの感が深い。もちろん、思想の受容者としての民衆が、思想的理解力の向上から、寺院や僧侶というごとき、世俗的権威化を招きやすい中間者の媒介なしに、直接的に、思想的遺産を享受しうるというのが、理想の形態であるにちがいないが。

覚如が、生れながらに親鸞から継承したものは、親鸞―尼覚信―覚恵―覚如という女系の血統と、血統に附随した親鸞廟堂の留守職(しき)、すなわち、墓守りとしての地位にすぎない。しかし、やがて廟堂を寺院化して、本願寺と呼ぶに至り、諸国の真宗教団の上に君臨すべき、本寺としての世俗的権威化への道を目指しており、留守職による、親鸞教義の統制者としての地位をも確立した。江戸時代以降、本願寺の留守職は神聖不可侵、唯一絶対の法主(ほっす)と呼ばれるに至ったが、日下無倫(くさかむりん)氏によれば、このような法主神聖論は、すでに、覚如の主張に胚胎(はいたい)していたのであり、本願寺の基礎工事は、覚如の段階で完成したといわれる(『真宗史の研究』)。

覚如の本願寺経営の限界

しかも、日下氏ものべられたように、覚如の本願寺創建による、思想的ならびに世俗的権威の統制集中への志念は、結局のところ、水泡に帰した。かれが八十年に余る生涯をかけて、獲得した成果は、地方教団の、かれよりの一層の離脱背反と、家族の日常の衣食にも事欠く、極端な貧困化にほかならなかった。覚如によって播種された本願寺の種子を、亭々たる大木に育てあげ、見事な結実にまで導きえたのは、戦国時代という社会経済的環境のなかで発揮された、蓮如の手腕に俟たなければならなかったことは、いうまでもなかろう。再言すれば、覚如の果した歴史的役割は、蓮如による本願寺教団繁栄への道を準備すべく、基礎工事の施工者という点にあったといえよう。

覚如生る

覚如は、文永七年(一二七〇)十二月二十八日夜、三条富小路の辺りで生れた(『慕帰絵詞』『最須敬重絵詞』)。親鸞滅後八年目に当る。この地は、上原芳太郎氏の考証によれば、親鸞終焉の善法院に当るようだとされる（『初期の本願寺』）。善法院はさきにもふれたように、親鸞の弟尋有僧都の庵室であったが、延慶元年（一三〇八）以降、覚如の長子存覚は、これを相続しているので（『一期記』）、親鸞一族と深い関係にあったことと思われ、上原氏の比定が当っているかもしれない。

父母の素性

覚如の父は、親鸞の末女覚信の一子覚恵（かくえ）であり、母は、周防権守（すおうごんのかみ）中原某女とされる（『慕帰絵詞』）。ところで、覚恵の系譜に至っては、甚だ分明を欠ぐ。いま『慕帰絵詞（ぼきえことば）』についてみれば、藤原北家の内麿七代の孫、日野有国の六代の後に宗業（むねなり）あり、その子、信綱（のぶつな）―広綱（ひろつな）―覚恵（かくえ）と継承されたという。『最須敬重絵詞（さいしゅきょうじゅうえことば）』はだいたい『慕帰絵詞』と一致するが、宗業に加上して、その父経尹（つねただ）、経尹の父宗光（むねみつ）、さらには、宗光の兄の実光（さねみつ）の名をあげている。したがって、両書によって系図化すれば、

内麿……（六代略）……有国……（三代略）……実光
　　　　　　　　　　　　　　　　　　┊
　　　　　　　　　　　　　　　　　　宗光—┬—経尹—宗業—信綱—広綱—覚恵—覚如

というこ とになる。ところで、『尊卑分脈』所収の「本願寺系図」は、以上両書と著しく異なる。すなわち、覚恵を宗光—経尹—宗業の系譜に位置づけず、宗光の兄弟に、親鸞の父に当るとされる有範（ありのり）や、覚恵の祖父に当る範綱（のりつな）をあげ、範綱—信綱—覚恵—覚如としている。さらに実悟の「日野一流系図」は、範綱—信綱—広綱—覚恵とし、前出「本願寺系図」に似る。しかし、巻末にかかげた、高田派本山所蔵の鎌倉末期書写で、最古のものと考えられる（藤嶋達朗「本願寺聖人伝絵について」）「日野氏系図」によれば、以上のいずれとも異なり、範綱—広綱—覚恵—覚如と連繫するもののごとくである。もちろん、真正な系図化は、今後の課題であろう。

覚恵三代の祖に当るとされる宗業は、『尊卑分脈』所収「日野系図」一本によれば、嘉承元年(一一〇六)、九〇歳をもって卒したが、従三位に至り、文章博士・大内記を勤めている。かれは、勘解由三位(『最須敬重絵詞』)とか、嵯峨三位(『慕帰絵詞』)とよばれ、日野氏一族中でも、とくに大物であったらしく、後鳥羽・土御門両上皇に仕え、文道抜群・儒門絶倫の名をあげ、後鳥羽上皇時代には、四儒の随一に数えられていたとされる(同上)。しかも、承久騒乱に際し、文筆の身として、戦陣には加わらなかったが、院の近臣のゆえをもって、所帯の荘園以下、すべて没収され、家運傾頽の悲運に見舞われるに至ったという(『最須敬重絵詞』)。なお、宗業の祖父に当る宗光や、その兄実光も、官・学ともに優れていたとされる(同上)。したがって、覚如の子にして『慕帰絵詞』の作者従覚が、父祖の系譜を潤飾する意図をもって、前掲『尊卑分脈』所収の「本願寺系図」のごときを、ことさらに無視し、宗業の系統に附会するに至ったのではなかろうかとの疑念も懐かれる。もっとも、覚恵の父広綱、祖父信綱のごときは、疑うにも及ぶまいが。

覚如の父覚恵は、親鸞の末女覚信と日野広綱との間の子で、覚信尼につぎ、親鸞廟堂第二代の留守となった人である。覚恵の生誕は、仁治・寛元年間（一二四〇―一二四七）ごろ、母覚信二〇歳前後の所生とされる（『本願寺史』第一巻）。覚恵七歳にして、父広綱は死去しており、のち、覚信は小野宮禅念に再嫁し、後年覚恵―覚如との間に、大谷廟堂の管領をめぐり、紛争をおこした唯善を生んだ。

覚恵は父広綱の死後、大蔵卿日野光国の引導により、青蓮院二品親王尊助の門下に入り、出家得度ののち、密教修習の身となり、熾盛光院に所属して、中納言阿闍梨宗恵とよばれた。しかし、聖道門での立身出世コースに安住しえなかったかれは、やがて青蓮院を退出、僧位僧官における顕栄に望みを断つことにより、浄土門の修道者として、いわゆる遁世の身となった。『本願寺留守職相伝系図』によれば、遁世後、かれは専証と号し、のちさらに、覚恵と改めたといわれる。したがって、かれの名は、童名光寿以来、宗恵→専証→覚恵と四転したことがわ

覚如筆「留守職相伝系図」(西本願寺蔵)

かる。

浄土門における覚恵は、親鸞を祖師と仰ぎ、親鸞の孫如信を師承としていた(『最須敬重絵詞』)。『門弟交名牒』にも、覚恵は如信の門侶として、筆頭にあげられている。覚如も、如信を相承の師としたが、如信の人間像や、覚如との関係については、のちにくわしくふれることにしたい。

覚恵の思想傾向をうかがうべき記述が、『最須敬重絵詞』にみえる。すなわち覚恵は、五〇余歳ごろより、瘻という病に罹かったが、発病より臨終まで、前後八-九年間、覚如は看病に努めた。そのころ、覚恵の異父弟唯善は、大谷廟堂の管領を企て、影堂の鍵の譲与を、強要しつづけていた最中であったので、覚恵は大谷を退出し、二条朱雀の衣服寺のあたり、覚如の妻播磨局の父教仏の家に覚如とともに仮寓していた（『一期記』）。

覚恵と一念義

『最須敬重絵詞』によれば、一念義系の名僧浄恵が、覚恵の臨終の病床を訪れた。一時礼讃を行ないたいと思っていたのに、ちょうどよいところに来た、助音してもらいたいと頼んだ。やがて、覚如の調声、浄恵の助音により、初夜礼讃偈をはじめたが、覚恵は病床に臥しながら、聴聞の耳をそばだて、心中で助音しているとみえて、唇を動かしていた。枕頭には、善導の御影がかけられていたが、病者は念仏とともに、息をひきとったという。

なお、同書によれば、一念義系の礼讃念仏は、覚恵の多年修習するところであった。これは、かれの天性の資質にもよるところで、青蓮院時代から、声明に

覚恵、楽心に声明を習う

深い関心をよせていた。隠遁の身となってよりは、「浄土の曲調」、すなわち一念義系礼讃念仏に励み、名手の誉れ高かった。一念義系音曲の節拍子を定めたのは、教達であり、その上足の弟子楽心を招いて、連々これを修習していたのであり、亀山上皇も、これを好まれたので、小野宮中将入道師具のごときは、覚恵の指導を受けていたが、上皇の前で、これを唱奏する栄誉に預ったという。

　ここにみえる教達については、『明月記』寛喜二年四月十四日条に、「常覚弟子教脱、一念宗之長云々」とある教脱と、同一人物である。常（成）覚は、成覚房幸西で、法然門下においても、特色ある一念義の唱道者として、親鸞もかつて、かれの思想の影響を、多分にうけていると推察される人である。一念義そのものは、南北朝期をさかいに、急激に凋落していったらしい。この系統には、法然門下で、宮中の女官との間の風紀問題に、嫌疑がかけられた安楽・住蓮が、六時礼讃を善導の行として、提唱したのをはじめ（『愚管抄』）、礼讃念仏が伝流していた。覚如自身、一念義系の勝縁について、一念義を学んでおり、その思想に、一念義系の影響が濃いことものちにふれるが、その一因として、父覚恵による感化も、大きかったものと思う。

二　修学時代

覚如の名

覚如は童名を光仙、諱を宗昭、別号を毫摂と称した。父覚恵の光寿―宗恵―覚恵に対応するもののごとく、覚如の名も前掲の『本願寺留守職相伝系図』には、「遁世坊号覚如」とあり、恐らく、一八歳にして、聖道門より浄土門へ転入して以後のものであろう。

覚如の意味については、「一実真如の極理を覚知する謂」とされ、毫摂も「白毫摂取の光益を取得する思をなさるゝ」ゆえに、命名されたといわれる（『最須敬重絵詞』）。毫摂の意味はとにかく、覚如は恐らく、父覚恵の一字と、かれが相承の師と仰ぐ、如信の一字とを併用したものと思う。覚如は、覚信―覚恵以来、血統に随伴した廟堂留守職の地位と、親鸞―如信をうけた純信護持者としての立場を、最も強調したのであり、両者の一字ずつを依用したと解するのが、最も自然であろう。この推測が当っているならば、覚如が最初に如信に面謁した、かれ一八歳以後の命名であろう。なおかれは、勘解由小路中納言法印、または、単に法印と俗称されていたことも、『最須敬重絵詞』にみえる。

母の死

覚如は、文永九年（一二七二）八月二十日、三歳にして、母の周防権守中原某女の死に際会した。乳母に養育され、生母の恩愛をも、さだかに知らないかれは、幼稚のころから、同輩とともに遊戯にふけることもなく、言行ともに、老成の気味であったという。この点について、次の逸話が伝えられている（『最須敬重絵詞』）。

幼少時の利発

かつて父覚恵のもとに、来客があった。その客が久しく来訪しなかった理由は、その父が、盗人をした事件のためであると、自ら語った。これを聞いた人々は、この客は、心が正直だから、ありのままにいったのだと賞讃した。これに対し、覚如は、当時五―六歳のころであったが、「正直なるも事にこそよれ、おやの恥をば、いかゞあらはすべき」といった。人々は、「面々に舌をふり、あなおそろしの、おほせられごとや、道理のをすところ、げにもさふなりとぞ、をの〱申」したという。覚如のこの言葉は、まことに「幼児の浮言」というべきでなく、おのずから「先聖の美旨」にかなっていると賞揚されている。なお、ここに「先聖の美旨」というのは、孔子の語ったという「父は子の為にかくし、子は父の為にかくす、直ことその中にあり」というのをさす（『最須敬重絵詞』）。このような一片のエピソードによっても、かれの幼少時以来の利発さを、十分に推測することができよう。

修学時代

五歳のころからはじまる、覚如の修学の概略を、『慕帰絵詞』や、『最須敬重絵詞』等によって記しておこう。最初に、かれが学んだのは、文永十一年（一二七四）秋ごろ、大谷廟堂に軒を並べた隣家に住む慈信房澄海から、『和漢朗詠集』についてであった。

慈信房澄海につく

澄海は浄土門に入る以前は、叡山の学侶で、貞舜とよばれた。浄土の行人となってからは、いわゆる多念義の長楽寺流隆寛の門人、敬日房円海の

覚如，澄海に学ぶ（『慕帰絵』西本願寺蔵）

門に連らなる人であった。

澄海は、聖道・浄土両門に通暁していたのみでなく、広く漢詩や和歌の才幹もあり、覚恵は、隣家の博学のこの老僧について、浄土・天台のみでなく、いわゆる外典（仏教以外の典籍）についても、学ばせようとした。なお覚如は、長大ののち、藤原南家の鴻儒明範の子、大内記業範を訪ねて、学ぶところがあったといわれる。

覚如は澄海について、『朗詠集』等により、ある程度読書に習熟ののち、八－九歳ごろから、『天台名目』や『倶舎論本頌』三〇巻を学んだが、理解力は、ほとんど成人以上であり、『本頌』三〇巻を、まもなく暗誦してしまった。澄海はその能力に感歎の余り、かれの師敬日房円海の作で、天台の要文をあつめた秘書『初心抄』五帖を、次のごとき奥書を加えて、覚如に附属したという。

先師敬日上人、為㆓幼学之仁㆒、被㆑集㆓此要文等㆒、澄海伝㆓受之㆒。建治三年仲秋十六日、依㆑為㆓法器㆒、所㆑奉㆑付㆓属光仙殿㆒也。以㆑之、表㆓随分懇志㆒而已。

愚老澄海

澄海の思想傾向

円海、ならびにその門下の澄海は、隆寛の長楽寺流の多数念仏的な、いわゆる多念義の系譜をひきながら、かつての天台人としての余習を、かなり温存・強調していたらしい。凝然の『浄土法門源流章』によれば、円海は念仏以外の諸行は、仏の本願行でないけれども、また報土に往生しうる。『観無量寿経』にとく九品のうち、上品上生は報浄土であるが、上品中生以下の八品は、すべて辺地であると説いたが、これらの理解は、隆寛の説に違背している。さらに、円海の弟子の澄海は、天台教義に深く精通していたが、円海について浄土教を学んだ。かれは念仏のみでなく、余行もまた弥陀の本願に即応する行であり、したがって、報土に往生しうると説き、かれもまた、師説に違背した。澄海は京都に住み、唯惟以下の門人も、多数いたと凝然はのべている。覚如が習学の首途に当り、澄海のごとき、聖・浄両門に通暁した碩学に学びえたのは、かれの後年における思想の深化に、かなりな好条件として、影響を及ぼしていたものと思う。覚如がのち文藻に秀で、ことに和歌に巧みであったのは、澄海よりの感化に基づくものであろうとの説もある（村上専精『真宗全史』）。

宗澄につく

一三歳の弘安五年（一二八二）夏ごろから、天台学匠の名高かった、竹なか宰相法印宗澄について、天台宗教義を学ぶ身となった。宗澄は天台僧宗源法印の弟子で、法勝寺の東、下河原あたりに禅房をかまえていた。父覚恵が覚如の才能を見込んで、「本寺本山の学業」をとげ、僧官としての栄達を図らせたいとの配慮からであった。

浄珍に誘拐さる

明けて、弘安六年(一二八三)一四歳、宗澄のもとで研学に励む覚如の身の上に、不慮の事件が突発した。三井園城寺南滝院の右大臣僧正浄珍なる者が、覚如の垂髪の美貌ぶりを聞き伝え、人をやって、下河原の宗澄の房にいた覚如を、誘拐して、自房に連れ来ったという事件である。浄珍は北小路右大臣道経の孫、二位中将基輔の子で、法流は円満院の二品法親王円助の弟子で、智証大師の遺流を伝えていたといわれるので、いわゆる寺門派の僧であった。

真俗にわたり時めいていた、浄珍の房に出入する人から、下河原の宗澄の房にいる、覚如の垂髪の稚児ぶりの目ざましさを聞いた浄珍は、ある時、自坊の若輩らの会合に、酒宴が加えられた席で、覚如誘拐のことを言い出した。その座には、本寺園城寺の衆徒(僧兵)等も数人いたのを棟梁とし、酔のまぎれに、誰れ彼れと

宗澄不在中に覚如を奪わる

なく加わり、若輩三〇余人が、甲冑（かっちゅう）を帯し、兵杖（ひょうじょう）を手にするという物々しい出（い）で立ちで、下河原の房へ発向（はっこう）した。

ちょうどその時、宗澄は叡山へ登山中であり、房には、留守の者四―五人がいたにすぎなかった。折もよいというので、押入って覚如を馬にいだき乗せ、衆徒が前後を囲んで引きあげたので、留守の連中は手向いも出来ず、覚如としては、全く突然の慮外の入室ということになった。浄珍は表面穏便でないことだといいながら、心中ひそかに、喜悦の念をいだいていた。

下河原の房から、山上の宗澄へ急告したので、宗澄はとる物もとりあえず下山してきたが、ただ嘆息を洩らすばかりであった。宗澄の房にも出入する衆徒があり、口惜しいことだ、奪い返そうなどと相談していた。しかし宗澄は、こちらの思いを通そうとすれば、きっと闘戦に及ぶだろう。事件が拡大すれば、山（比叡山延暦寺）・寺（三井園城寺）両門の確執（かくしつ）として、京中の騒動にもなる可能性がある。当方としては、

南滝院の生活

覚如，三井寺浄珍に参ず（『慕帰絵』西本願寺蔵）

留守無人の間の出来事だから、たいした恥辱にもならない。覚如の器量こそ惜しいが、仕方がない。自然に離房したということにし、この事件は、絶対に口外してはいけないと、厳に制止を加えたので、衆徒らも静まり、これ以上紛争が発展することもなく、落着した。

南滝院での覚如は、浄珍の愛翫（あいがん）をうけること、きわまりなかった。数多い稚児の中でも、阿古（あこ）々々と呼ばれて、寵愛をほしいままにした。将来は院家の管領とし、本尊・聖教の附属も約束された。覚恵はこのことを聞き、山・寺両門を経歴させるということは、自らの本意でもなく、そのうえ、南滝院に入室の事情も、穏かでないと思ったが、それにしても、不思議な宿縁であると感じていた。

浄珍は覚如を伴い、日々酒宴・遊宴をくりかえしており、そのほか、囲碁・雙六(すごろく)・将棋・乱碁(らんご)・文字鎖(もじくさり)など、長時間の遊戯にふけり、覚如の興を誘おうとつとめた。房中の人も、こぞって覚如を称美していた。ややましな行事としては、和歌・連歌の座も設けられたが、学問とよばるべきものは、内外典(ないげてん)につけて、全くなかったので、覚如自身としては、このような生活が、味気(あじけ)なく、不本意に思われていた。

信昭、誘引につとむ

さらに同年中に、覚如は、奈良興福寺一乗院の門主、信昭(しんしょう)の室に入った。それについても、信昭が覚如のことを知り、これが誘引につとめた経緯がある。覚恵は覚如を、方々経歴させることは好ましくなく、いつまでも、垂髪の身でなく、早く出家得度（とくど）させたいというので、信昭の申し出を断わり続けた。信昭は覚恵と知音の小野宮中将入道師具に、覚如の誘拐を依頼した。また、この年七月十二日夜、月光をたよりに輿（こし）をかかせ、武器を持った大衆（僧兵）をひきつれ、奪い取ろうと計画していたのを、密告する人があり、守備を堅めていたために、成功しなかった。

防禦す（『慕帰絵』西本願寺蔵）

　信昭はそののちも思い切りえず、親の本懐どおり、やがて出家させることを約束したので、この上は、固辞の理由もないというので、まず、西林院三位法印行寛（ぎょうかん）の弟子として入室、行寛の誘導により、摂津国原殿の信昭の禅房に参向した。しかし、信昭はまもなく死去し

たので、その弟子で、関白近衛基平の子の、

覚昭に給仕す

僧正覚昭に相続給仕することとなった。大和菅原の覚昭の房においても、数多い稚児のうちでも、覚如は容顔ことにすぐれていたため、日夜寵愛をうけた。しかし、覚如自身は、このような生活に満足できず、来世の問題が、次第に濃く、念頭にその影を宿してきた。

興福寺一乗院の大衆を

出家受戒す

弘安九年（一二八六）十月二十日夜、覚如は一七歳にして、行寛法印の甥、孝恩院三位僧正印寛について、出家受戒をとげた。そののち奈

行寛につく

良において、行寛について、法相宗を研学した。その間にも、浄土門に対する関心が次第に萠しており、一八歳の弘安十年（一二八七）十一月十九日、如信より、他力

覚如，出家す（『慕帰絵』西本願寺蔵）

覚如，如信より他力法門をうく（『慕帰絵』西本願寺蔵）

摂生の信証を口伝し、法然・親鸞・如信の、三代血脈の相承をとげた。

如信より血脈相承す

唯円に受教す

翌正応元年（一二八八）冬、常陸河和田（水戸市河和田）の唯円が上洛した際にも、覚如はかれについて、法門の疑義を質した。さらに、正応三年（一二九〇）二一歳にして、覚如は覚恵とともに、東国の親鸞遺跡巡拝の旅に出たが、途中、相模余綾山中において、如信に面謁している。

阿日房彰空につく

正応五年（一二九二）春、関東から帰洛後の覚如は、再び奈良に赴かず、東山大谷に居住した。こののち覚如は、樋口安養寺の阿日房彰空を師とし、浄土宗西山派の法門について学び、善導の著作五部九巻をはじめ、『大無量寿経』や、曇鸞の『往生論註』、さらには、道鏡・善道共集の『念仏鏡』等について、教授をうけた。のちにのべるように、覚如の思想には、西山義の影響がかなり及んでいるが、これは、彰空への習学に基づくものと思う。なお覚如の長子存覚も、彰空に学び、長く親交を続けている。

覚如はまた、慈光寺の勝縁より、幸西の一念義を学び、幸西の著作『凡頓一乗』『略観経義』『略料簡』『措心偈』『持玄鈔』等の筆写を許された。勝縁は『法水分流記』によれば、幸西―入真―善性―仙戈―勝縁と、一念義系思想を継承していた。この書には、幸西の直弟子として正縁がみえる。かれは『浄土法門源流章』によれば、のち諸行本願義を説く、九品寺流長西の門に投じたといわれる。覚如の受学した勝縁を、正縁と同一人とする説もあるが（山上正尊「覚如上人と浄土異流に就いて」）、誤解と思う。なお仙戈は吉野に住み、吉野聖人ともいわれたが、寛元二年（一二四四）、幸西の『玄義分抄』を書写した旨の奥書を残しているので、時代的にみて、勝縁は、仙戈の弟子と考えて差支えなかろう。さきに見たように、父覚恵の一念義系礼讃念仏への傾倒とともに、かれの思想に、一念義の影響が、深かったことも肯かれる。

覚如は父覚恵の存命中、永仁四年（一二九六）大谷廟堂の南に隣接する慈信房澄海の庵室の敷地を、澄海の弟子の禅日房良海から譲得した時、覚如の初学の師であった澄海や、さらにその師、敬日房の鈔物・秘書類を、良海から譲り受けた。これらを通して、長楽寺流隆寛の思想について、一層深く検討するところがあったといわれる。

了然に学ぶ

さらに、時期的には不明であるが、かれは清水坂光明寺の自性房了然について、三論宗を学んだ。了然は藤原定家の子の光家を父とする。一九歳にして、東大寺の別当僧正定親の室に入り、出家をとげてより、三論宗の研学に励んだが、のち道隆禅師の門下として、禅宗をも学んだ人である。覚如は了然について、『法華遊意』『浄名遊意』ならびに『肇論』『三論玄』等の教授をうけた。覚如の『口伝鈔』には、『大無量寿経』のいわゆる第十八願に加えられた『往生礼讃』の解釈文の理解をめぐって、「八宗兼学の了然上人(ことに三論宗)」に自分の意見をのべたところ、了然の支持をえたことを伝えている。覚如が了然に学んだというのは事実であろう。

三　覚恵と大谷廟堂

大谷廟堂留守の護持

二〇歳代の前半で、覚如の聖・浄両門にわたる修学が終った。二〇歳代の後半は、二五歳の『報恩講式』、二六歳の『親鸞聖人伝絵』以下、かれの著作活動の開始期に当る。ところで、三〇歳代は、父覚恵と一致協力しての、祖母覚信以来継承された、大谷廟堂留守の護持時代に入る。

唯善の野望

大谷廟堂留守をめぐる紛争は、覚如三〇歳の正安元年(一二九九)ごろより、次第に表面化してきた。ことの起りは、覚恵の異父弟、したがって覚如の叔父に当る唯善が、常陸河和田(水戸市)にあって零落していたのに同情した覚恵が、大谷に呼びよせ、同居するようになったことにある。唯善は覚信の子という血縁をもって、異父兄覚恵を斥け、大谷廟堂留守奪取の執念を燃やすに至ったのである。同じく覚信の子という点では、覚恵と唯善とは、母覚信の留守を継承すべく、同資格者でなければならなかった。とくに、覚恵が留守継承者として定められていた経緯について、概略のべておこう。

大谷廟堂の由来

さて、大谷廟堂がはじめて建立(こんりゅう)されたのは、親鸞滅後一〇年、したがって覚如三歳の年に当る、文永九年(一二七二)冬のころである。覚如の『親鸞聖人伝絵』には、

文永九年冬のころ、東山西麓鳥部野(とりべの)の北、大谷の墳墓をあらためて、同麓よりなを西、吉水(きっすい)の北の辺に、遺骨を堀渡て仏閣を立、影像を安ず。

とみえる。東山西麓鳥部野北の、親鸞の墳墓というのは、『親鸞聖人伝絵』(三重県専修寺蔵本)所見の古図によれば、一基の石塔を中心に、周囲に柵を廻らしており、普通一般のものと変りはない。

東山西麓鳥部野北の墓地から、いわゆる大谷廟堂の地に改葬した文永九年には覚信尼は四九歳、覚恵三七歳、のち、覚恵と廟堂留守を争うに至った唯善は、こ

親鸞の墳墓（専修寺本『伝絵』）

大谷廟堂（東本願寺本『伝絵』）

の年、七歳位と推定される（上原芳太郎『初期の本願寺』）。新しく廟堂を設けたこの地の所有者で、覚信の夫小野宮禅念は、三年後の文永十二年（一二七五）に死去した。親鸞死後、日月の経過につれ、かれに対する敬慕の念が高まり、東国の門弟たちの間に、廟堂建設の気運が高まり、覚信や覚恵、さらに禅念らも奔走した結果であろう。

大谷廟堂は、のち慶長八年（一六〇三）知恩院拡張に際し、幕命により、東山五条坂に移転した。移転前の旧地は、現在の知恩院の山門の北、崇泰院の裏庭に当るといわれ、元大谷と俗称され、石塔一一がある位置である（『本願寺史』第一巻）。

廟堂敷地の継承

文永九年創建当時の大谷廟堂の敷地は、のちに、大谷北地といわれるものに当る。本願寺には、『大谷北地手継目録』と手継の案文を伝えており、これらにより、この地が禅念の所有に帰した経緯がわかる。現存するものは、寛喜二年（一二三〇）、藤原氏女より源氏女への売券（代価二〇貫文）からである。源氏女は、嘉禎三年（一二三七）祖母に当る小河氏女に、一七貫文で売却、小河氏女は二〇貫文で、延応元年(一二三九)ひめごせんに売却、ひめごせんはのち、平氏女とよばれたらしく(山田文昭『真宗史の研究』)、彼女は、正嘉二年(一二五八)、八〇貫文で禅念にこの地を売却している。延応と正嘉の売券を比較すれば、総面積において、二％の増加を示していることがわかる。それにしても、二〇年足らずの間に、地価が約四倍に騰貴したわけである。なお禅念が、この地を買得(ばいとく)した正嘉二年は、親鸞八六歳に当る。

禅念の獲得した大谷廟堂の敷地は、当時平安京庶民住宅地の標準規模とされた一戸主(へぬし)(五〇丈)より、僅かに多い五一丈の面積で、口の南北五丈二尺五寸(約一五・七メートル)、奥の南北四丈五尺(約一三・五メートル)、東西一一丈五尺(約三四・五メートル)、こんにちの一四四坪(約四七五平方メートル)余りに当る。

禅念私有の一四〇坪余りの土地に、東国門弟たちの奔走により、大谷廟堂が文永九年、落成した。したがって、敷地は禅念の所有であったが、廟堂の建物は、東国門弟たちの共有というかたちで、大谷廟堂は出発したものと思う。廟堂建設

敷地、覚信尼の所有に帰す

の翌々年、文永十一年（一二七四）、禅念は敷地を、妻覚信の所有とした。その際の譲状を、左に掲げよう。

従₂禅念₁、譲₂尼覚信₁状案

禅念房譲状案

おほたにのやちのほんけむ五まい、まいらせ候。このふみをてつぎにて、たのわづらひあるまじく候。一みやうばうには、ゆづりたばう、たはじは、御心にて候べし。ゆめ〳〵べちのわづらひあるべからず候なり。

文永十一年四月廿七日　在判

かくしんの御房へ

この譲状には、敷地を覚信に譲ることと、覚信が、禅念の実子で当時僅か八―九歳ごろであった、幼少の一名丸（唯善の幼名）に譲るか否かは、適当に状況判断の上、きめてもらいたい旨のべている。廟堂をめぐっての覚信の地位は、その血統ゆえに、単なる敷地の提供者であった夫禅念よりも、はるかに優越していたと思われる。さらに、覚信には、すでに四〇歳近い子覚恵もおり、敷地はあくまで廟堂に附属したものとして、禅念は妻覚信に対し、ひかえ目にならざるをえなかったのであろう。

覚信、敷地を廟堂に寄進す

禅念は覚信に敷地を譲った翌年、文永十二年(一二七五)死去した。しかも、敷地そのものは、廟堂の附属物として、次第に公共性をもちつつあったものと思う。果して覚信は、禅念死後二年目の建治三年(一二七七)九月、敷地を親鸞の墓所としての廟堂に寄進し、その公共性を確立した。『本願寺文書』の『大谷屋地手継所持目録』によれば、覚信は、建治三年九月二十二日(下総佐島(茨城県猿島郡)常念宛)・同年十一月七日(常陸布河(茨城県下館市)教念坊ならびに高田(栃木県芳賀郡)顕智坊へ預く)・弘安三年(一二八〇)十月二十五日(飯沼(千葉県銚子市)善性房子智光坊ならびに善性房同朋証信房宛)の三回にわたり、このことを東国の門弟へ報告した。

以上三通のうち、現存する建治三年十一月の寄進状（三重県専修寺蔵）についてみよう。これによれば、廟堂敷地は尼覚信相伝（そうでん）のところであるが、親鸞は覚信の父だから、昔の芳縁により、上人の墓所に寄進する。覚信死後は、子孫たりといえども、門弟たちの同意なく、この地を売却したり、横領することはできない。門弟たちの心に叶（かな）う者に、この墓所を預けて、管理させるようにしてもらいたい。大体以上の趣旨をのべている。この寄進状により、廟堂は敷地もろとも公共物とされたが、廟堂の管理は覚信の子孫が、門弟の同意をえて、これに当るべきことが定められたわけである。実質的に、大谷廟堂沙汰人（さたにん）の確認といえる。廟堂敷地の公有地化とひきかえに、沙汰人は、自分の子孫が継承すべきことを確認させたものともいえる。しかし、沙汰人の選択権は門弟の手に保留されたのであり、その意味では、沙汰人たるものは、単なる廟堂の管理人にすぎないのであり、廟堂維持経営の主導権は、あくまで門弟の手中にあったといわざるをえない。

覚信、廟堂沙汰を覚恵に譲る

覚信は、東国門弟にあて廟堂敷地を寄進し、彼女自身およびその子孫の沙汰人就任を認めさせた建治三年より、七年後の弘安六年（一二八三）十一月、咽喉病のため、死期の迫ったことを察し、廟堂の沙汰を長子覚恵に譲る旨の書状を、東国の門徒にあて認（したた）めた。全文を次に記しておこう。

（端書）「みはかの御るすの事申つけらるゝ尼覚信房最後状案」

十一月十八日より、のど（咽喉）のやまひ（病）をし候て、いま（今）はこのたび（度）ぞおはり（終）にてさふらへば、ゐ中（田舎）の人々のけざむ（見参）も、ことし（今年）ばかりぞ、けざん（見参）のかぎり（限）にてさふらひけるとおぼえ（覚）て、しゆくごう（宿業）のほどもふしぎ（不思議）におぼえ（覚）て候。さてはこのしやう人（聖）の御はか（墓）の御さた（沙汰）をば、せんせうばう（専証房）（覚恵本名也）に申をきさふらふなり。あま（尼）が候つるほどは、ゐ中（田舎）の人々の御心ざし（志）のものにて、このものどもをはぐゝみ（育）候つれども、いま（今）はいかゞ（如何）し候はんずらんと心ぐるしく（苦）おぼえ（覚）候。たはたけ（田畠）ももたず（持）候へば、ゆづり（譲）おく事もなく候。たゞいか（一向）うゐ中（田舎）の人々をこそたのみ（頼）まいらせ候へば、あま（尼）がさふらひしにかはらず、御らん（覧）じはなたれず(放)候へかしとおぼえて(覚)候。めん〳〵(面々)へ申べく候へども、さのみはん(判)をし候はんもわびしく(佗)候て、みな〳〵(皆々)をなじ事に御らん(覧)候へとて、ひとつ(一)に申候也。あなかしこ〳〵。

弘安六年十一月廿四日　　覚信ありはん

ゐ中の人々の御中へ

この書状によれば、覚信の命は、すでに旦夕(たんせき)に迫っているので、廟堂の沙汰を覚恵に譲ること、ならびに自分の死後も、覚恵をはじめ、一族の者の扶助を門弟たちに依頼したことがわかる。しかも、この書状は、『大谷屋地手継所持目録』によれば、弘雅阿闍梨(こうがあじゃり)とよばれていた、唯善の執筆にかかるものである。覚信の最後状ともよばれるこの書状は、遺言状ともなったわけであるが、この中で、覚恵が沙汰人を継承すべきことを明記していることは、この書状の焦点ともいえる。この年、覚恵はすでに四八歳であり、一八歳位と思われる唯善に、わざわざこの書状を執筆させたのは、自らの死後に、廟堂の沙汰をめぐっての紛争を、予め防止しようとした、覚信の深慮に出るものであろう。なお覚信は、同年中に死去したものと考えられているが、覚如は一四歳、天台学匠宗澄のもとから、三井園城寺南滝院の浄珍のもとへ誘拐された年に当る。

四　廟堂の留守をめぐる紛争

沙汰と留守と留守職

覚恵は、弘安六年（一二八三）の覚信の最後状により、大谷廟堂の沙汰人と定められたが、覚信存命中は、かつて留守とか留守職（しき）という語が用いられなかったことは注意を要する。沙汰という語は、中世にあっては、主として裁判を意味するが、この場合は、単に事務処理というごとき軽い意味に用いられたものと思う。覚恵一代の間は、廟堂の留守というふうによばれ、覚如はこれを留守職という用語に高めたが、留守は管理代表、留守職ともなれば、管理権者というごとく、一種の権利主張的性格を強化してきたものと思う。些細な用語上の異同であるが、沙汰→留守→留守職という性格の転化は、覚信→覚恵→覚如と、次第に築かれてきた教団主宰者としての地位と、表裏相伴うものとして、注目が怠れない。

覚恵の大谷居住

覚恵は廟堂の沙汰人と定められた弘安六年以降、引き続き、大谷に居住していたことは明らかであるが、この年以前から、すでに大谷に移居していたらしい。覚如生誕の文永七年（一二七〇）には、親鸞の弟の尋有の善法坊にいたが、こののち、まもなく大谷に移ったらしく、あるいは、文永九年（一二七二）八月、覚恵の妻中原某女が没したのが、契機となったのであろうといわれる（『本願寺史』第一巻）。

唯善の大谷居住

ところで、覚恵の異父弟唯善は、さきにもふれたように、覚信最後状の執筆者であったので、弘安六年ごろまでは、恐らく覚信とともに、大谷に居住していたらしい。そののちいつのころからか、常陸に赴いていたらしく、その生活の困窮していたのに同情した覚恵が、永仁四年（一二九六）ごろまでに、大谷によびよせ、同居することとなった。唯善は覚信の後夫、小野宮禅念を父とし、文永三年（一二六六）生誕、のち仁和寺相応坊守助（そうおうぼうしゅじょ）僧正の弟子となり、大納言阿闍梨弘雅と号し、山伏としての経歴をもっており、奥州で結婚し、子息もあり、経済的に窮迫していた

（『一期記』）。

大谷敷地の拡張

唯善の同居の結果、従来の大谷の敷地は狭少となったので、唯善の提案により、廟堂敷地に南接する地を、買い加えることとなり、永仁四年（一二九六）、常陸奥郡（多賀・久慈・那珂諸郡の総称）の門弟が上洛して奔走の結果、これが実現した。

大谷南地の継承

のち大谷南地とよばれたこの地は、従来の北地と大体同じ面積で、一戸主余りの地である。廟堂敷地もここにおいて、三百坪足らずに拡張された。『大谷南地本券手継目録』や売券等によれば、この地は、嘉禎三年（一二三七）、藤原某が一七貫文で源氏女に売った。買主の源氏女は尼照阿といい、長楽寺系統の念仏者らしく（山田文昭『真宗史の研究』）、二間二面の仏堂と、三間四面の庵室とを設け、この地に幽棲すること三〇ヵ年、文永四年（一二六七）、同系統の念仏者、慈信房澄海に譲った。覚如が澄海に就学したのは、文永十一年からであるから、覚如生誕の二―三年前から、澄海はこの地に住み、北隣の覚信尼一族と交際があり、覚恵は覚如をして、この多念義系学匠について学ばせようとしたことは、すでにのべた。

澄海はこの地を一二年間所有、弘安元年（一二七八）自らの子禅日房良海に譲った。良海はこの地に約二〇年間住み、永仁四年（一二九六）、親鸞の遺弟にあて売却することになった。代価は一〇〇貫文であった。

覚恵と唯善の紛争の発端

大谷廟堂をめぐる覚恵と唯善との紛争の発端は、良海が南地売却の売券を認める際、宛名を誰にするかという問題についてであった。存覚の『一期記』によれば、唯善にあてたらよかろうという人が少々あった。しかし、覚恵は、廟堂の敷地を拡張するためだから、門弟中とするのが、北地をも廟堂敷地として寄進した、覚信の素意にも叶う方法であろう。誰か一個人に宛てておいたら、将来面倒な問題がおこるかもしれない。門弟衆の管領としておいて、唯善が居住しても、別に困ったこともないはずだ。覚恵がこのようにのべると、その座にいた唯善は、顔色を変え、立腹極りなかった。結局覚恵の意見どおり、門弟中ということにした。

そののちこの地に、唯善は坊舎を建てて住むことになり、各国の門弟も、廟堂に参詣ののち、必ずまず「北殿」の覚恵を、つぎに「南殿」といわれた唯善を、訪れるようにしていたという。

導信、唯善の陰謀を告ぐ

唯善が大谷南地所有権獲得に失敗した永仁四年(一二九六)、覚恵はすでに六一歳、覚如二七歳、唯善は三一歳であった。唯善はこののちも、廟堂敷地獲得への執念を燃し続けており、南地居住五年にして、正安三年(一三〇一)には、ついにこのことが表面化してきた。この年の冬、鹿島門徒に属する、羽前長井(山形県東置賜郡川西町か)の長井導信が、覚如に法然上人の伝記(『拾遺古徳伝』となる)の執筆を依頼して、上京中であったが、導信の口から、次のことがわかった。

すなわち、唯善は父禅念からの譲状があるといい、大谷廟堂の坊地所有権を、自分に認証する院宣を出してもらうよう、画策しているとの噂がある。したがって、廟堂の管領を企てているらしいが、このことは間違っている。というのは、当敷地は親鸞の御影堂を建立せんがため、覚信尼から門弟が管領するよう、寄進状に、はっきりいっている。偽文書を作り、禅念よりの譲状があるなどといい出すことは、母覚信の遺志にそむくことになり、「母子敵対」するに至ることである。放任しておくべきことではない。以上、導信の語ったことは事実であって、

唯善、院宣を受く

この時、唯善が院宣を請うた言上書（三重県専修寺蔵、原文漢文）には、つぎのごとくいう。

僧唯善謹んで言上す。

早く由緒相伝の道理に任せ、安堵の院宣を下し賜り、源伊律師等非分の競望を停止せられんと欲する大谷坊地の間の事。

右件の坊地は、親父禅念が相伝の私領なり。而るに吾が祖師親鸞、法然上人の弟子として、浄土の深義を伝え、□(末カ)世の浅機を勧む。仍って禅念仏法に帰敬するを以て、祖師の没後、別相伝の大谷敷地に於て、去る文永第九暦、門弟等と力を合せ、一の草堂を建立、彼の影像を安置、同十二年死去し畢んぬ。

唯善一子たるの間、相伝管領以来、坊地と云い、影堂と云い、已に数十ヶ廻の星霜を送るものなり。爰に員外非分の輩、動もすれば事を左右に寄せ、希望を致すの条、存外の次第なり。所詮、猛悪非分の競望を停止し、唯善永く相伝管領を全くせんが為に、安堵の院宣を申し賜わらんと欲す。仍って粗言上件の如し。

正安三年十二月　日

源伊の野望

文中、源伊律師なる者が、大谷坊地の横領を企てており、この際の紛乱に便乗し、唯善が年来の野望を実現させようと計ったことがわかる。ところで、源伊の素性や、大谷坊地横取画策の経緯については、『一期記』にみえる。これによれば、源伊はふつうに、親鸞の息男と考えられている即生房の娘が、中納言阿闍梨光助に嫁して生んだ子で、叡山の堂僧であった。恐らく、親鸞の外孫に当るという理由で、尋有の善法院を相伝するに至っていた。源伊の弟光昌は、大谷廟堂は、兄が管領すべきことを主張したので、天台座主良助法親王は、覚恵に交渉したが、もちろん実現しなかった。

院宣の出された事情

長井導信から、唯善の策動を聞いた覚恵は、宗真法印の仲介により、六条有房(ありふさ)を訪れ、事情をのべたところ、有房は禅念の譲状どおり、処置したといった。これに対し覚恵は、禅念の譲状なるものは虚構である。もし、そのようなものを差し出したなら、それは偽書である。門弟中にあてた覚信の寄進状は、はっきりしている。それをみたかどうか尋ねたところ、みていない。ただ禅林寺長老規庵(きあん)がとりついだので、一も二もなく、院宣は出されたが、重ねて事情を訴えたら、定めて正理に帰して、唯善の要求は退けられるであろうと、有房は答えた(『一期記』)。

覚如、東国に募金

正安四年(一三〇二)、三三歳の覚如は、訴訟費用募金の目的をもって、東国に下向したが、まもなく目的を達して、帰洛した。運動の甲斐あって、同年中に、参議六条有房のとりついだ院宣をうることができた。全文(原文漢文)を次にかかげよう。

親鸞聖人影堂敷地の事、山僧の濫妨に依り、唯善歎き申すの間、院宣を下さるると雖も、所詮、尼覚信の置文に任せ、門弟等の沙汰、相違有る可らざるの由、院宣により、仰する所、件の如し。

正安四年二月十日　　　　参議

親鸞上人門弟等中

文中の山僧は、もちろん源伊である。覚信死後二二年にして、同族三者の間で、廟堂管理をめぐり紛争をおこしたわけであるが、ここに至って、覚信の最後状がものをいい、一応事件は落着したものの如くであった。なおこの際の院宣は、後宇多院より出されたものであり、正本は、常陸鹿島（茨城県鹿島郡鹿島町）の順性が預かっていた（『本願寺史』第一巻）。

三三歳といえば、年齢的に十分な活動期に入っていたことと思われるが、覚如は父を助けて、よくこの難問題に対処することができた。同年中に、順性以下の鹿島門徒を中心とする三一名の東国門徒が、前掲院宣の入手を機に、連署状(正安四年四月二九日付)をもって、御影堂敷地は従来どおり、覚信の置文により、門弟の進退とし、「御影堂之御留守」は、覚恵がその任にあたるべきことを確認している。

唯善、再び陰謀を企つ

しかし、唯善の野望は、なお終熄しなかった。翌嘉元元年(一三〇三)、当時一向衆とよばれ、踊念仏等により、群をなして横行していた一遍門下の時宗が、鎌倉幕府によって弾圧された時、唯善は、すかさずこの機会を利用し、莫大な運動費をもって、幕府にとり入り、親鸞門流は、禁制の限りにあらずという安堵状をえた。文中「親鸞上人門流においては、諸国横行の類に非ず。在家止住の土民等勤行の条、国として費無し。人として煩無し。彼等に混ず可らざるの由、唯善彼の遺跡として、申す所其の謂無きに非ざるの間、免許せらるる所、件の如し」という(『一期記』)。なお、このさい、下総横曽根(千葉県銚子市)門徒の木針の智信が、三〇〇貫を出したのをはじめ、所々を勧進し、数百貫をもって、幕府に運動したといわれる(同上)。

翌嘉元二年（一三〇三）十二月十六日、唯善は書状をもって、幕府から安堵の下知状をえたことを、顕智に報告した（『専修寺文書』）。その文中にも、「唯善苟も親鸞上人の遺跡たるに依り、且は祖師の本意を興さんがため、且は門流の邪正を糺さんがため、子細を申し披く」といっており、親鸞遺跡の継承者として、教団の主導権を掌握すべき意図を露呈させている。

唯善、大谷に押入る

徳治元年（一三〇六）十一月、覚恵は重病をえて病臥中、唯善はついに、大谷御影堂を奪取すべく、直接行動に出た。すなわち、御影堂の鍵を渡すよう、強要してきたのであり、覚恵はついに、病衰の身をもって、二条朱雀の衣服寺の近在、覚如の妻播磨局の父教仏の宅に移り（『一期記』）、翌徳治二年四月十二日、避難先の教仏の宅において死去した。

結局覚恵は、弘安六年（一二八三）の覚信の遺言状により、廟堂の沙汰人として定められ、しかも、それが唯善の執筆に成っていたにかかわらず、二四年後の自らの死去に際しては、覚信最後状とはうらはらに、覚恵の大谷放棄、唯善の廟堂乗取りという事態が、発生していたのである。したがって今後は、覚恵の後継者覚如対唯善の対決に、問題解決の鍵が、かかっていたといえよう。

なお、唯善が幕府への莫大な運動費用の勧進に成功したり、覚恵の再起不能の重病をみこして、ついに廟堂奪取の実力行動に出た背後には、真宗教団内における一部の門弟たちの、彼に対する支持が当然考えられなければならない。史料的に、唯善支持の門徒を確かめることは困難であるが、さきにみた『一期記』所見の智信（下総）をはじめ、『親鸞聖人門弟交名牒（きょうみょうちょう）』の三河妙源寺本には、明性（下野）・観法（下総）の二人がみえるのみであるが、常陸光明寺本には、さらに実念（奥州か）を附加、京都光薗院本には、覚証（武蔵か）・信証・覚智・性覚（下総）・智光（常陸か）・信念（下総か）・実念（下総か）・覚念（武蔵か）・誓願（下野か）、以上九人、近江光照寺本には、以上のほか、道戒（常陸か）らが「唯善与同（よどう）」の門弟

唯善与同の門弟

として、特記されている。下総《しもふさ》（千葉県・茨城県）・常陸《ひたち》（茨城県）・下野《しもつけ》（栃木県）・武蔵《むさし》（東京都・埼玉県）等、広汎な範囲に、散在していたことと思う。

五　留守職就任

覚如、廟堂の留守を譲らる

覚如がはじめて、大谷廟堂の留守職を認められたのは、正安四年（一三〇二）からとされる。さきにもふれたように、正安二年、上洛してきた長井導信の口から、はじめて唯善の陰謀を聞いた覚恵が、この年、覚如を東国に派遣して、運動資金を募り、唯善の非望を斥けることに成功し、やがて門弟たちの連署により、覚恵が「御影堂之御留守」（前出）たることを、確認された。

覚恵は事態の重大さを祭し、この年五月二十二日、諸国の門弟にあて、自分の死後は、御影堂の留守は、覚如に申付けるので、自分同様、支持してもらいたいとの書状（『本願寺文書』）を送った。全文を左にかかげよう。

（別筆）「覚恵下二遣門弟中一状案　留守職事」

親鸞上人の御影堂御留守の事、故覚信御房のかくゑ（覚恵）に申つけられたるむね（旨）を、年来之間たがへられず候つる事、これまでも仏法の恩徳不可思議の事に候。それにつきては世間不定のうゑ、覚恵重病の身に候へば、にわかにめ（目）をふさぐ事もこそ候へと存候て、かねて御ゑいだう（影堂）の御るす（留存）の事は、覚如房に申つけ候也。かくゑ（覚恵）が候つるにかわらず御らんじはなたれず候へかしとおぼへ候。かやうに申をき候はずとも、よも御らんじはなたれ（放）候はじとぞんじ候へども、心ぐるしく（苦）候あひだ申候に候。めん〳〵（面々）へ申べく候へども、同御事に候へば、このふみ（文）をひとつに申候也。くに〴〵（国々）の御同行たちおなじ御心に御らん候べく候。あなかしこ〳〵。

正安四年五月廿二日　　　　覚恵（花押）

国々の御同行（門弟）〃〃の御中へ

（追筆）「嘉元四年十一月二日　　（別筆）「大ちやうの判也」覚恵（花押）」

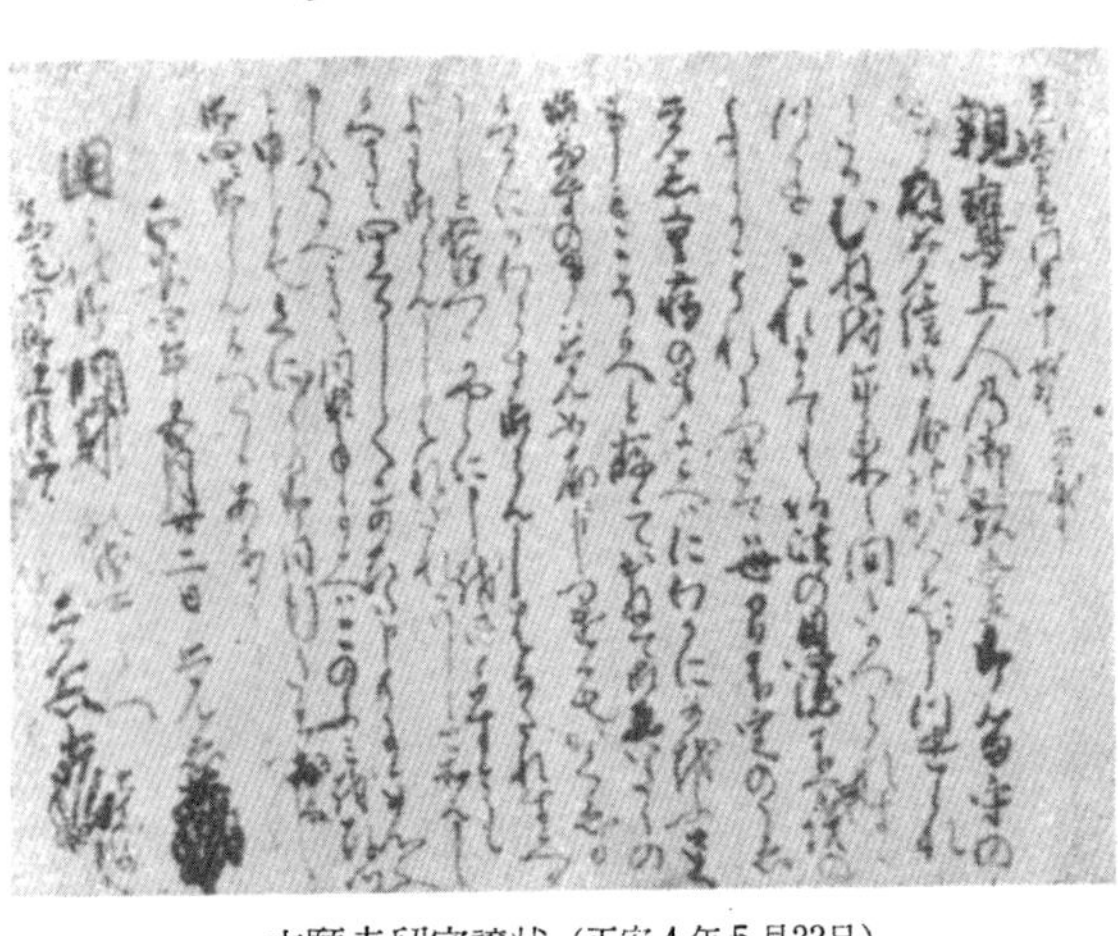

本願寺留守譲状（正安4年5月22日）

この書状は、弘安六年の覚信の最後状に、形式・内容ともに、殆んど一致する。ただ覚信のものは、「ゐ中の人々の御中へ」あて、「御はかの御さた」を覚恵に申おくというのに対し、この場合は、「国々の御同行の御中へ」あて、「御ゑいたうの御るす」を覚如に申付けるという、実質上の差異があるにすぎない。さきにもふれたように、廟堂の沙汰から廟堂の留守へという、すなわち事務処理人から、管理人へという、ある程度の地位の変化が、覚信から覚恵の段階でみられるという事情が、この両書状に照らしても、顕現しているといえよう。なお覚恵書状の奥に、嘉元四年(一三〇六)十一月二日覚恵(花押)の追記がある。この月には、さきにふれたように、唯善の大谷奪取により、覚恵は教仏宅に避難しており、死の約五ヵ月前のこの日、非常事態の発生とともに、改めて花押を加えて、この書状の効力を、十分ならしめようとしたのであろう。したがって、追記の花押に、「大ちやうの判也」というのは、「往生の判」の意味で、臨終近くのものと、別人が書き加えたものと思う。なお、書状の端の部分の「覚恵下二遣門弟中一状案　留守職事」というのも、後人が追記したものと思う。なおこの書状は、同文のものが、果して門弟中へ送られたのであろうか。覚恵が覚如の後日のためを慮り、内輪に残していたものにすぎないのか、そのいずれであるかは不明である。いずれにしても、覚恵が唯善の野望発覚→廟堂奪取を契機に、後事を託すべき実子覚如に、覚信が自らに対してなしたと同様に、何らかの形で、廟堂留守の後継者としての資

覚恵の二通の置文

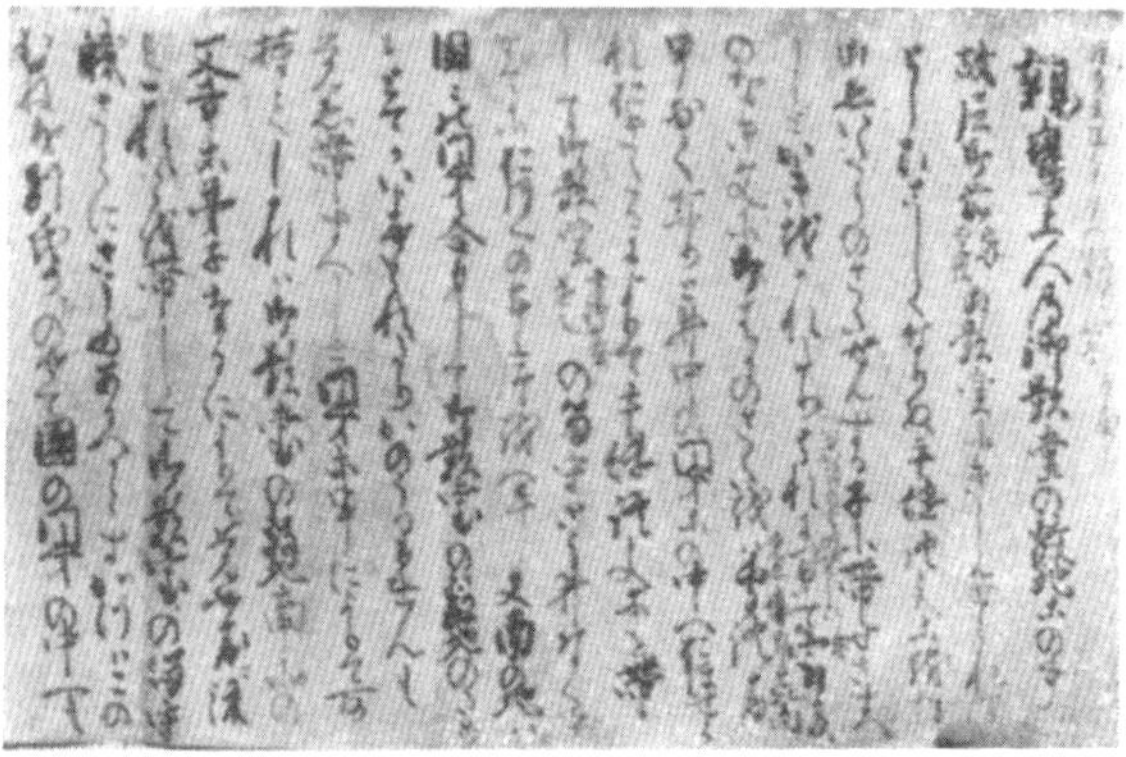

譲　状　（正安4年5月22日）

格を、確立しておこうとしたのは当然の事であり、この文書は内容的には、別に疑わしい点も、みとめられないというべきである。

ところで、この書状のほかに、覚恵から覚如あての同日付の置文(おきぶみ)二通が伝わる（『本願寺文書』）。長文と短文二通である。まず、長文のものをあげておこう。

僧覚恵譲(る)真弟覚如(に)（宗昭法印）状案　留守職事

親鸞上人の御影堂の敷地等の事、故尼御前（亡母覚信）御影堂にきしん（寄進）せられて、としひさしくなりぬ。手継証文等をば、

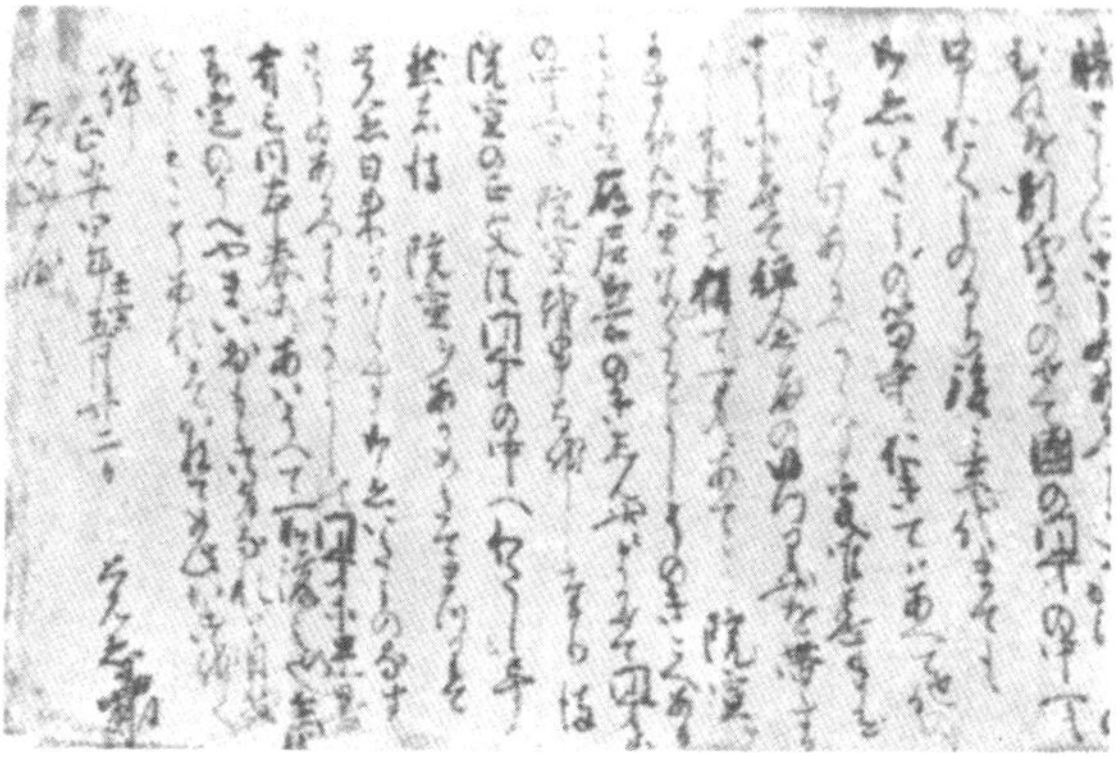

本願寺留守職

御ゑいだう(影堂)のさた(沙汰)せんずる子に帯せさすべし、とかきをかれたり。それにつきて・(へいぜいの御自筆の状ならびニ(花押))最後のをき文に、御はかのさたをば専証房(覚恵遁世のはじめの名也)に申おくなりと、ゐ中(田舎)の門弟等の中へおほせ(仰)られおきたるにより て、手継証文等を帯して、御影堂(旁御墓是也)の留守さうゐなくて、すでにおほくの年序をへ畢(おわんぬ)。又南の地は、国々の門弟合力して、御影堂の敷地のためにとてかいよせ(買寄)たり。かのうりけん(売券)も覚恵帯すべしと門弟等申によりて所㆓持す之を㆒。しかれば御影堂の敷地南北の文書等、弟子たるによりて覚如房に渡レ之。これらを帯して、御影堂の留守職さらにさうゐ(相違)あるべからず。かつはこのむね(旨)を別帋(紙)にのせて、国の門弟の中へも、申おくものなり。後々末代までも、御ゑいだう(影堂)の留守におきては、あへて他のさまたげ(妨)あるべからず。爰唯善事をさう(左右)によせて、禅念房のゆづり(譲)状を帯するよし、不実を構て、一身にあてゝ院宣をかすめたまはりたるよし、そのきこへ(聞)あるによりて、故尼御前のきしん(寄進)状にまかせて、門弟等の中へと院宣を申なをしたり。彼院宣の正文は、門弟の中へわたし畢。然者、彼院宣をあがめたてまつりて、覚恵日来にかはらず、御ゑいだう(影堂)のるすさうゐあるべからざるよしの、門弟等連署有レ之。同本券等にあいそへて、所レ渡レ之也。世間不定のうへ、やまい(病)おもき身なれば、自然の事もこそあれとて、かねて如レ此かきをく状、如レ件。

正安四年壬寅五月廿二日　　覚恵（花押）

覚如房へ

この書状の中心の眼目は、覚恵が「御影堂の留守職」を、覚如に譲り渡すことにあったことは、明白である。この書状の端にも、「留守職事」という注記があり、この部分はともかく、本文に「留守職」という語がみえるのは、この置文をもって嚆矢（こうし）とする。したがって、この書状がもし真物（ほんもの）ならば、この時点で、覚恵は覚如に対し、留守職を譲り渡したことは、事実であるとしなければならない。この点について、のちに検討することにして、次に同日付、同じく覚恵から覚如あての短文の方の置文を、記しておこう。

留守職の初見

同前

親鸞上人の御影堂御留守の事、覚恵が候つるにかはらず、みはな（見放）たるまじきよし、国々の御門弟の中へ申おく（置）也。それにつきては、故覚信御房の御事おほせおかるゝ上人の御自筆の御せうそく（消息）、又この御影堂の敷地の本券証文幷（ならびに）

具書等、こと〴〵くこれおわたす(渡)もの也。故覚信御房の状これらの証文等は、覚恵帯べきよし(由)のいわれをかきのせられたるによりて、年来帯し候つる也。而世間不定のうゑ、病おもき身なれば、にわかにめ(目)をふさぐ事もこそあれと
て、かねてかやうにかきをく(書置)状、如レ件。

正安四年壬寅五月廿二日　覚恵（花押）

覚如房へ

この置文でのべられた中心点は、親鸞の自筆証文をはじめ、「御影堂の敷地の本券証文幷具書等こと〴〵くこれおわたす」ことにあった。すなわち、敷地相伝の証拠文書を、覚如に譲渡するということが、主眼点である。したがって、廟堂留守職の相伝をのべた長文のものと、彼此相伴う関係にあるべきものである。

ところで、正安四年五月二十二日の日付をもつ、以上三通の文書のうち、最初にあげた、覚恵より国々の門弟中へあてた書状については、内容的にはその真偽

を疑う余地は見当らないことは、さきにのべた。しかし、形式的にみれば、宛名は恐らく「国々の御同行の御中へ」とあったのに、同行を門弟と書き加えており、さらに、他二通のものとこの文書の花押は、はじめは恐らく同じものであったらしいのに、嘉元四年の花押をもって、正安四年の花押の上から訂正したものの如くである。この三通の文書については、余りにも何か作為のあとが感じられるのであり、従ってその真偽の程は不明というべきではなかろうか。ことに長文のもののみには、これまで全くみえなかった「留守職」の語がみえるが、一種の権利主張としてのこの用語は、私見によれば、覚如がいわゆる懇望状において初めて用いたものと思われるので、この点からも、この文書の真偽については、後考に俟たなければならない。もしこの一連の文書が真物であるならば、覚如あての長文のもののみが「留守職」の語を用いており、他はすべて「留守」としている理由は、表面的に職の語が用いられることがはばかられたにもかかわらず、覚如の意図により、覚恵はこの語を内々に用いたものと考えるべきであろう。

以上により、覚如は正安四年（一三〇二）、さらには嘉元四年（一三〇六）の再度にわたり、父覚恵から御影堂留守の後継者と確定されたのかもしれないが、覚恵の生前中に、公式に留守職を付与されたことはない。単なる廟堂の管理人としての留守より、一種の権利を伴うものとしての留守職への地位の向上、それは、覚恵死後、覚如の段階にあって、はじめてそれが志向され、公的に実現されたものであることを、確認しておかなければならない。

門弟上洛し唯善の追却を訴う

徳治二年（一三〇七）、唯善は大谷廟堂を占拠したまま、覚恵は教仏の宅において、死去した。翌三年、門弟代表三人の者の使者、すなわち常陸鹿嶋の順性の使浄信、下野高田（栃木県芳賀郡二宮町高田）の顕智の使の善智、三河和田（愛知県岡崎市和田）の信寂の使の寂静（信寂の子）が入京し、善法院にいた覚如を訪れ、門弟たちの意志を伝えた。それによれば、莫大な運動費をもって、院宣を賜わり、門弟たちが多年にわたり廟堂を管領してきたのに、唯善が勝手に押領し、叡山の僧を北殿に入れたので、門弟たちの参入にもはばかりがあり、本意に背く次第である。早く唯善らを斥けてもらいたい、ということであった（『一期記』以下同じ）。

当時、京都における訴訟事件については、朝廷の裁決を得ることができず、検非違使庁が裁断を与えることになっていたので、法どおりに、事を運んだ。時の検非違使庁の別当（長官）は、中院通顕であった。ところで、覚如の長男の存覚の猶父（形式上の養父）の、冷泉親顕の弟にあたる顕盛は、通顕の読書の師範であった。しかも、通顕の父通重と、顕盛の兄親顕の子有正は、親交があった。顕盛と有正とは、叔姪の間柄であり、通重と通顕は、父子の間柄であり、師弟や交友の関係にあったので、大谷安堵の別当宣をうけることができた。

しかし、唯善が誘引した山徒は、大谷北殿を退出せず、検非違使庁の下級役人も、強いて別当宣を執行しようともしなかったので、唯善や山僧の、大谷退出も遅延していた。門弟の使者たちがいうには、重ねて伏見院の院宣を賜わらなければ、事ははかどらないであろうとのことであった。そこで、覚如は猶父の日野中納言俊光に事情をのべたところ、俊光は奔走を承諾、数日後、催促のために酒肴を携えて、俊光の亭に赴いた。俊光がいうには、先日、院に奏上したところ、検非違使庁の処置にまかせるとの勅答であった。これをきき覚如は、喜悦極りなかった。俊光は、院宣はどのような文面にしたらよいかといったので、覚如は、即座に案文を書き、俊光に渡した。その文句は、「親鸞上人影堂並敷地事、任二正安院宣・使庁成敗一之由、被二聞召一者。院宣如レ此。仍執達如レ件。延慶元年月日判」というのであり、宛名は「親鸞上人門弟等中」であった（同上書）。

日野俊光協力す

ここにおいて、唯善はまた計略をめぐらし、青蓮院に申して、院宣を青蓮院門跡に下させた。その要旨は、妙香院管下の法楽寺の敷地は、従来どおり、青蓮院の支配すべきものである、というのであった。この院宣により、青蓮院門跡慈深

唯善また計略す

より、覚如に申し渡すには、大谷廟堂の敷地についての紛争は、敷地の領主法楽寺の本所である妙香院の、そのまた本所である青蓮院の支配すべきものであるのに、青蓮院をさしおいて、院宣や検非違使庁の裁決を仰いだのは、もってのほかのことであると。覚如以下、全くびっくり仰天した。門弟代表三人の使者も、事件がはかどらないのに退屈してしまい、その上、資金のないのに滞在していても無駄であるので、ひとまず、帰国してしまった。

覚如、唯善と対決

翌延慶二年（一三〇九）、昨年上洛した鹿島・高田・和田の三方面の使節が、夏に再び入京してきた。いうまでもなく、事件の処理のためであった。使者たちは、青蓮院門跡の坊官である伊予法眼大谷泰任の宿所に赴き、交渉した結果、双方が青蓮院に参候して、門跡の雑掌立会のもとに、対決をとげることになった。覚如は、一昨年以来籠居していた洛南宇治の三室戸を出て、入京し、七月上旬のころ、青蓮院において、唯善方と対決した。この際、青蓮院では、双方の出頭者を別々の部屋に置き、雑掌が双方の間を往復して、各々の言い分の不審な点を尋ね、陳述した内容を記録しておいて、退出させた。即時には、何らの裁決もなされなかった。そののち、青蓮院の下知状が届けられた(同上書)。事件の経緯の委曲をつくしているので、その全文(原文漢文)を、次にかかげておこう。

表書云

親鸞上人門弟等御中　　法眼泰任奉

本所御下知状案

親鸞上人門弟覚如等、唯善と影堂幷びに敷地等を相論の事、両方申す趣、子細多しと雖も、所詮、財主覚信の寄進状の如くんば、上人門弟の進退たるべき旨分明なり。随って唯善相伝領掌すべきの由、竊に院宣を申し賜ると雖も、門弟等覚信の寄進状等を捧げ、子細を申し披き、二代の勅裁に預り、使庁の裁許を蒙り畢んぬ。唯善猶押領の条、違勅の科を遁るべからず。就中、亡母覚信の遺誡に背き、敷地を質券に入れ置くの条、不孝の咎を招くもの歟。唯善、亡父禅念の後状有りと称し、頻りに子細を申すと雖も、門弟等に懇望せしむるの状等、已に以て歴然なり。禅念の後状を以て、覚信の寄進状を破る可んば、唯善何んぞ、門弟等に懇望せしむ可んや。加之、関東の御下知を以て子細を申すと雖も、彼の御下知、全く影堂敷地相論に非ざるの上、唯善門弟等の代官として、申し沙汰せしむるの条、両方進ずる所の前後状等炳焉なり。唯善自専の証に非ざる歟。又門弟等と号する者、僅かに五六輩、擯出之族なり。更に惣衆に非るの由、唯善申すと雖も、顕智・順性・信寂以下の門弟等、数千人諸国に散在せしむるの上、覚信寄進状・唯善懇望状以下、二代の勅裁・使庁成敗状等、皆以てこれを帯す。惣衆たるの状、御不審有る可からざるの由、申さしむるの条、其の謂無きに非ざる歟。早く本願主覚信の素意に任せ、門弟等の進止として、祖師の追孝を専らにす可し。覚信の子孫等の許否に於ては、宜しく門弟等の意に在る可きか、てへり。青蓮院法印御房の御気色に依って、執達件の如し。

延慶二年七月十九日　　法眼判奉

親鸞上人門弟等御中

追って申す

本願主覚信の素意は、専ら上人の影堂を全くせんがためと云々。而るに相論の最中、唯善潜かに、影像・遺骨を他所に渡すの条、太以って然る可からざるの間、急ぎ返し渡す可きの由、度々仰せ下され畢ぬ。存知せらる可きの由、同じく仰せ下され候なり。

右の裁決文の要点は、正安・延慶再度にわたる院宣や検非違使の別当宣等により、覚信の素意どおり、門弟らの進止とする、というにあった。しかも、文末に「覚信の子孫等の許否に於ては、宜しく門弟等の意に在る可きか」といい、廟堂

唯善、鎌倉に逃走す

の留守に誰を任命するかは、門弟たちの自由であるとし、選択権が全面的に門弟の手中にあるとしていることは、注意を要する。すでに唯善が斥けられた以上、覚恵の長子覚如が相続すべきであるよう、一応考えられるが、唯善は覚如の叔父に当っていた。しかも、今回の裁決も、あくまで門弟らの主宰権を主張するという立前で進められた関係上、これ以上の紛争を防ぐためにも、門弟らは、覚恵の後継者で、廟堂の留守を委任する者として、簡単に、覚如に決定しえない客観情勢にあったものと思う。

前掲、青蓮院門跡下知状の追申にもみえるように、唯善は訴訟事件の最中において、すでに敗訴をみこしていたためか、親鸞の影像や遺骨を奪取して、他所に潜伏するの挙に出た。やがて関東に没落し、鎌倉常葉に小堂を建て、影像・遺骨を安置し、田舎の門徒がここに群集するようになった（『一期記』）。なお常葉はいまは常盤と書き、鎌倉市内に当る（谷下一夢『存覚一期記の研究並解説』）。『新編相模風土記』巻一〇五には、鎌倉郡深沢村東山麓に、僧唯善草庵蹟なるものがあり、今は陸田となっている。このあたりの小字名を一向堂とよぶのは、この廃蹟に因んだのであるという。

親鸞影像を再興

唯善は、鎌倉常葉へ逃走するに当り、影像・遺骨を運び去ったばかりでなく、廟堂の建物・庵室・石塔まで、破壊してしまった。したがって、唯善逃亡以後の大谷においては、影像の再造や、堂舎の復旧が企てられなければならなかった。唯善奪取の親鸞影像も、顕智らの門弟が造立したものであったが、このたびも、顕智らの尽力により、延慶三年(一三一〇)、まず影像を再興した。こんにち、西本願寺大師堂に安置の影像(胴体部)はこれである。しかし、顕智は堂舎の復旧をみないうちに死去したので、法智らが、翌応長元年(一三一一)中には、代って造営の功を終えた(専修寺並びに西本願寺所蔵「青蓮院門跡下知状」)。

ところで、覚如は延慶二年、唯善が鎌倉へ逃走し、事件も一応落着したので、大谷へ移住したい旨、門弟らの使節に申し入れたところ、使節らは、自分たちだけでは決め難いので、門徒一同の衆議をもって取り計らいたい旨、返答した。結局のところ、下間性善がしばらくの期間、留守として管理した。この性善は、即生房の下人来善の子で、美濃坊仙芸とも称した人らしい（『本願寺史』第一巻）。さきにもふれたように、門弟らにしても、事件の直接の当事者であった覚如を、直ちに、廟堂の留守として、居住させることは、各方面に憚り多いと考えた結果であろう。

下間性善、留守を預る

しかも、延慶二年の青蓮院下知状には、覚信の子孫のうち、誰を留守たらしめるかということの決定は、門弟らの意中にあることを明言している。したがって、覚如は、青蓮院の判決があった数日後に、門弟あてに、いわゆる懇望状を認め、門弟の使者に披露した。次に、その全文（原文漢文）をかかげよう。

覚如、懇望状をしたたむ

（端書）「御門弟中に出す愚状案、又一通善智房に書き与う。已上二通、内一通は三河に留むと云々。善智房に書き渡すこと、延慶二年八月一日所望に依りてなり。」

親鸞聖人御門弟御中へ懇望せしむる条々の事

一、毎日御影堂御勤、闕怠す可らざる事。

一、財主尼覚信の建治・弘安の寄進状に背く可らざる事。

門弟の意に背かず

一、御門弟等御中より、縦、御留守職に申し付けらると雖も、御門弟の御意を相背くに於ては、一日片時たりと雖も、影堂敷内を追出さるるの時、一言の子細を申す可らざる事。

一、御門弟等、悉く両御代の院宣幷びに庁裁、本所の御成敗を賜らるるの上は、留守職たりと雖も、一切子細を申す可らざるの事。

門弟の計らいに背かず

一、向後に於ては、本所御成敗の旨に任せ、御門弟等の御計を背く可らざるの事。

一、私に取る所の借上を以て、御門弟等に懸け奉る可らざるの事。

門弟を蔑視せず

一、聖人の御門弟等は、縦、田夫野人たりと雖も、祖師の遺誡に任せ、全く蔑如の思を成し、過言致す可らざるの事。

門弟の意に背けば、追放されるべきこと

一、影堂留守職に申付けらると雖も、全く我が領の思を成す可らざるの事。

一、御門弟御中より、御状を賜わるの時、彼の文章を以て、後日の亀鏡に備え、子細を御門弟御中に申す可らざるの事。

一、影堂敷内に好色傾城等を招き入れ酒宴す可らず。自他共に禁制す可き事。

一、御門弟の免許を蒙らず、細々諸国に下向し、或は勧進と称し、或は定員数に諧わずと号し、御門弟に諂い奉る可らざるの事。

一、諸国の御門弟に対し奉り、自ら忠節有るの由、称す可らざる事。

以前の条々、一事たりと雖も、御門弟の御計に背く可らず。不調不善を現わし、或は財主尼覚信の寄進状幷びに両御代の勅裁・使庁成敗・本所御下知等に背くに於ては、御門弟等の御計として、時日を廻らさず、御影堂の敷内を追い出さる可きものなり。且つは唯善坊、御影堂幷びに御門弟等に敵対し、種々の不調を現わす。或は御影堂敷並びに房舎等を以て、質券に入れ、或は

覚如は唯善と異なる

御書状等を拾い置き、後日の亀鏡に備ゆ。子細を掠(かすめ)申すと雖も、既に棄置かるるの上は、子細無しと雖も、今覚如をも彼の唯善に准じ、御門弟御中より御恐れの間、此の状を出す所なり。向後と雖も、御門徒に敵対せしめ、証文有りと称し、門弟の御書状等を以て、若し子細を申すの事有らば、皆悉(ことごと)く今案(きんあん)の謀計に処せられ、努力々々(ゆめゆめ)、叙用有る可らざるものなり。此(かく)の如く、状を出しながら、猶(なお)以て、後日子細を申さば、此の状を以て証文となし、本所并びに公家・武家へ訴え申され、遠流(おんる)の重科に処せらる可し。抑(そもそも)、上件の条々等、覚如に於ては、元より其の企無し。不調を現わさずと雖も、併(しかしながら)、未来のために、此の如く、状を出すものなり。若し偽り申さば、惣じては三朝の浄土高祖、別しては祖師聖人の冥罰を蒙り、而も現当(げんとう)の悉地(しっち)を失う可し。仍(よ)って未来の亀鏡たるの状、件(くだん)の如し。

延慶二年己酉七月廿六日　覚如在判

留守職の初見

門弟等、容易に許容せず

文中、覚如は門弟に対して、極めて低姿勢をとりながら、留守職に任命されんことを懇望している。私見によれば、公式に留守職の語を用いたのは、恐らくこの懇望状が最初であり、一種の権利主張が、当然この語にこめられていると思われる。覚如は注意深く、「我が領の思を成」さないといい、門弟を刺戟しないよう配慮している。門弟間には、覚如が、唯善の二の舞を演ずるのではないかと、警戒していた空気もあったものとみえ、文中「覚如をも彼の唯善に准じ、御門弟御中より御恐れの間」といい、唯善と同一視しないよう、切言している。

東国の門弟たちとしては、教団内外に対する種々な配慮や、覚如に対する幾分の警戒心、さらには、門弟間の意志の統一連絡をはかることの困難さなどが原因で、覚如の留守職(しき)就任を、簡単には許容しなかった。嘉元四年(一三〇六)、唯善の大谷占拠とともに、妻の父教仏の宿所、二条朱雀の衣服寺のあたりに居た覚如は、生活も極度の困窮に陥っており、徳治二年(一三〇七)十一月、上京してきた奥州野辺

（福島県伊達郡）の了専・了意父子が、奥州に伴い帰った（『一期記』）。そののち、大谷に入り、留守職就任の実現するに至るまでの数年間、覚如は、法興院辻子や宇治三室戸を転々し、落ち着かない月日を送った。

覚如、東国に下向す

延慶三年（一三一〇）、覚如はすでに四一歳になっていた。この年正月、東国に下向した。というのは、留守職のことがもし叶わないならば、有志の門徒を語らい、別に一寺を建立して、生涯を終りたい所存からであった。存覚に命じて、門徒にこのことを披露するための勧進帳を書かせたが、この時、御影堂相続のことや、若狭（福井県）・伊賀（三重県）久多庄のことなど記した譲状を、存覚に与えた。自らの留守職就任が不成功に終った場合、長男存覚を、後継者にしたい配慮からであろう。

覚如の留守職をみとむ

覚如は、秋になって帰京してきた。安積（福島県郡山市安積町か）・鹿島（茨城県鹿島郡鹿島町）門徒をはじめ、東国の門弟たちは、ついに覚如の留守職を認めたので、覚如は入洛以後、大谷に居住することとなった。ただ大谷関係の文書で、覚如が伝えているものにつき、今後の煩（わずらい）を防ぐため、悉（ことごと）く門弟中へ預けられたい、ということであった。覚如は、この申し出について、よい感じはいだかなかったが、出さなければ、大谷入住も出来なかったので、やむなく、覚信の最後状をはじめ、門弟中へ差し出した。

六　本願寺の創建

廟堂より寺院へ

四一歳の延慶三年（一三一〇）の秋、迂余曲折（うよきょくせつ）ののち、はじめて大谷に入り、留守職（しき）の地位につくことができた覚如に与えられた今後の課題は、大谷御影堂を、単なる廟堂から、名実ともに、教団の中枢（ちゅうすう）としての寺院の位置にまで高めることにあった。換言すれば、教団運営教化の主導権を強化しつつ、教団の統制機関としての本寺的性格附与を、目ざすことにあった。

従来の推移からみて、決して平坦とは思われないこのような道を、覚如は自らの努力によって、切り拓（ひら）いてゆこうとした。そのためには、まず地方散在門徒の掌握、指導強化が先決であった。覚如は東国門徒の諒解をえて、大谷に入り、留守職につきえた延慶三年の翌年、応長元年（一三一一）五月、早くも長男存覚を伴い、

越前に下向す

越前に下向し、大町（福井市大町）如道の許に二〇余日間滞在し、親鸞の『教行信証』を伝授した。『一期記』によれば、主として存覚がこの任に当ったという。

鏡御影の携行

本願寺教団の歴史にとって、全く画期的な、正確には本願寺教団建設の第一歩とさえ思われるこの挙に際し、いわゆる安城御影とともに、親鸞生前の肖像画の双璧で、恰も鏡に向うがごとく活写していると、親鸞をして感嘆させたといわれる、いわゆる鏡御影を、覚如は携行している。筆者の専阿弥陀仏は、鎌倉時代の肖像画家として名高い、藤原信実の子である。その巻留に、覚如は次のように記した。

専阿弥陀仏信実朝臣息也。号ニ袴殿一。奉レ拝ニ聖人御存生之尊像一、泣（謹か）奉レ図ニ画之一。末代無雙重宝、仰可レ帰ニ敬之一。毛端不レ奉レ違云々。所レ得ニ其証一也。

延慶三歳庚戌十一月廿八日以前、奉ニ修補一遂ニ供養一訖。

応長元歳辛亥五月九日、於ニ越州一教行証講談之次、記レ之了。

この記によれば、覚如が越前に携行する以前、前年の延慶三年(一三一〇)、留守職の地位を確立した直後、この御影を修復したことがわかる。覚如がこの画像を入手した経緯について、これは、画稿で、筆者専阿の手許にあったのが、何かの機縁で、覚如が伝持するに至ったものらしいとする説(宮崎円遵『続親鸞とその門弟』)や、元来、大谷の御影堂の親鸞像の胎内に納められてあったのが、唯善の騒動の際、発見されたのであろうとする見解(赤松俊秀『鎌倉仏教の研究』)等がある。

鏡御影賛の改作

ところで、この画像には、上下に親鸞自筆の賛があったことが、先年の修理調査の際、明らかにされている。上部には「本願名号正定業」以下「即横超截五悪趣」に至る『正信偈』の文二〇句が、二句一行ずつに書かれており、下部には「源空聖人云。当知。生死之家、以疑為所止、涅槃之城、以信為能入文。釈親鸞云。還来生死流転之家、決以疑情為所止。速入寂静無為之城、必以信心為能入文」の文が一〇行に記されていたことが、裏面からの透視により、明らかにされている。覚如は、修復に際し、下部の賛は墨で黒く塗り、蓮華を描き、いわゆる描き表装としたが、上部の賛は、胡粉で文字を抹消し、その上に、覚如の自筆で、「和朝親鸞聖人真影」とし、「憶念弥陀仏本願」以下、「応報大悲弘誓恩」に至る『正信偈』の文四句が、賛として書かれた色紙型が加えられている。

賛における親鸞主義の徹底

原賛上部の親鸞の『正信偈』の賛や、下部の法然の『選択本願念仏集』の文句は、親鸞自筆であるが、覚如がこれらの賛を抹消して、上部にのみ自筆の賛を加えた理由については、ひどく破損していたためとする説もある（赤松、前掲書）。しかし、破損に対する単なる修復であったのなら、賛も、原文を忠実に、伝えようとしたはずではなかろうか。私見によれば、覚如は留守職就任の新しい事態に対する認識から、祖師親鸞主義を徹底化させることの要請により、親鸞画像から法然の『選択集』の文句を抹消したく思ったからであろう。親鸞の荘厳化――凡ゆる伝統的な権威に超絶するものとしての親鸞の絶対性の強調、これこそ覚如が自らに課した畢生（ひっせい）の使命であったといえる。しかも、留守職をえて、長年にわたる宿願を果し、前途に対する、新しい決意に燃えていたこの時期に、覚如が親鸞画像に、純親鸞主義的改変を加えた意図をも、十分に諒察できるように思う。覚如は、この更新された親鸞像を携え、長子存覚とともに、新しい立場での布教の第一歩を、感慨深く越前において、印することになった。

伊勢へ下向す

覚如が越前に下向した応長元年の秋には、かれは伊勢にも赴いた（『一期記』）。これも布教のためであろう。このころ、大谷においては、法智らの奔走により、堂舎の復旧工事が進んでおり、年内に完成したことはさきにふれた。翌正和元年（一三一二）

専修寺掲額の計画

夏のころ、法智は復旧した大谷の堂舎に、専修寺の額を掲げることを、提案した。なお、前年の冬以来、覚如は奥州に下向し、如信の旧跡において、一三回忌を修しており、法智はその近在安積の人であるから、覚如の下向に法智が行を共にし、

叡山、掲額に反対す

その間において、両者が寺号掲額につき、相談した結果であろう(『本願寺史』第一巻)。覚如の今後の行実(ぎょうじつ)から考え、この計画に、かれが積極的な役割を演じたのは、事実であろう。額の字は、存覚が錦小路僧正なる者の口添えをえて依頼し、当時名筆の名高かった、世尊寺(せそんじ)経尹(つねただ)が書いた(『一期記』)。

ところが、同年秋になり、叡山から事書(ことがき)(大衆の決議文)が到来した。その趣旨は、「一向専修」は、以前に禁制したところである。にもかかわらず、今更、専修寺の寺号を用いることは、穏当でない。早く額を撤去せよ、という点にあった。覚如は、叡山関係の人たちに運動したが、結局のところ、専修寺の額は、撤回しなければならなかった。後日、法智はこの額を持ち帰り、自分の寺に掲げた(同上書)。なお法智は奥州浅香(あさか)(安積)の覚円の弟子であり、覚円は真仏の弟子であったので、この寺号は真仏の下野如来堂に用いられ、こんにちの下野高田と伊勢一身田の専修寺の寺号の起源となった。専修寺には、現に巻首に、「文和四年己未正月廿八日書」之(を)(く)、如来堂葺萱事」と題した寄進帳を伝えており、はじめは、如来堂とよばれていたらしい。（藤原猶雪『親鸞上人伝絵の研究』）。とにかく、不成功に終ったとはいえ、覚如が留守職就任の当初から、廟堂の寺院化を積極的に企てていた意図は、十分に推測することができよう。

覚如、廟堂の寺院化を計る

尾張へ下向す

正和三年（一三一四）春、覚如は存覚とともに尾張に下向し、二〇余日間滞在したが、これも布教のためであろう。覚如は四五歳であったが、このころ病身がちであり、生前中、留守職を存覚に譲っておきたいとの意向であった。この年秋のころから、しきりにこのことを、存覚に申し入れたが、存覚は固辞していた。しかし覚如は、自分は当寺を退くので、存覚が留守職を拒むなら、聖跡を牛馬の蹄にかけることになる。慎重に考えるようにといったので、この上は、固辞することもできず、十二月二十五日、存覚は留守職を継受した。その時、存覚が覚如から受けとったものは、絹一疋、銭一〇〇疋（一疋は一〇文、従って一貫文）にすぎなかった。この年は、年内に上洛してくる門徒のあてもなく、越年の資金もなく周章していたところ、法智が、当

存覚、留守職に就任す

年の灯明料が遅延していたのを、二十八日に至り、五〇〇疋届けたので、漸く形の如く越年の行事を行いえたのであった。なお、今後の見通しも暗かったので、当面の生活の費用、覚如夫妻・存覚・従覚の四人の衣食の費用をも、予めわりふりしたりした（『一期記』以下同じ）。さきにもふれたように、法智は、唯善によって破壊された大谷の堂舎の復旧から、専修寺号掲額のこと、さらにこのたびの灯明料の送付による経済的援助等、この頃の覚如にとって、最も忠実有力な協力者であった。にもかかわらず、大部分の門徒は、覚如から離反してしまったらしく、経済的にも全く困窮してしまった。ために、覚如は留守職を存覚に譲り、教団の主宰者としての位置から、一応姿を消すことにより、門徒との関係の好転を計るべく、時日をかける心算（つもり）を懐（いだ）くに至ったのであろう。

大谷の困窮

存覚に留守職を譲った翌年の正和四年（一三一五）春、覚如は大谷の堂舎を出て、一条大宮の窪寺（くぼでら）附近に、借住の身となった。そののち、長期間にわたり、大谷に還

覚如、大谷を退出す

住しなかったものの如く、五年後の元応二年（一三二〇）にも、存覚はここにいた覚如を訪ねている。

三河・信濃へ下向す

　大谷を退出した覚如は、表面的には存覚を留守職として立てながら、実質的な教団の指導は、みずからの手で極力これをおし進めてゆこうとした。元応元年（一三一九）五月、覚如は存覚を伴い、三河への布教の旅に出た。三河よりさらに信濃に入り、飯田（長野県飯田市）の寂円の許に、しばらく滞在した。帰洛の途中、存覚は瘧病（おこり）にかかり、山間の険路を、乗馬で旅行することは、苦痛極りなかった。この信濃行で、寂円の弟子善教は、師の寂円を捨て、覚如・存覚に従い、入京してきて「直参」の門徒となった。なお、覚如は寂円に対し、「勘気」権を発動して、教団外に追放した。

本願寺号の初見

　大谷廟堂の寺院化も、正和元年、専修寺号掲額失敗以後、覚如は決して断念したのではなかった。こんにち伝わる史料のうち、本願寺の寺号が最初にみえるのは、元亨元年（一三二一）二月日の日付をもつ、親鸞門弟等言上書である。この言上書の内容は、親鸞門流が一遍の時宗と混同され、幕府から禁制されていたのに対し、差別あるべきことをいい、禁制から免れたい旨、妙香院から幕府への挙状を賜わるよう、申請したものである。この文書の端裏書によれば、法智の依頼により、覚如が妙香院に申し入れたのであるが、この言上書の冒頭に、「本願寺親鸞上人門弟等謹言上」としている。この言上書に応じて、同年二月三十日、幕府に出された妙香院挙状も、「本願寺親鸞上人門弟等申、専修念仏興行事」の文句で始められている。したがって、正和元年より元亨元年に至る九年間に、恐らく覚如により、本願寺の寺号が使用されはじめ、それが一般的にも認められていたものと思う。

元弘三年（一三三三）六月十六日付の覚如あての兵部卿護良親王令旨にも、「本願寺卅久遠寺」といっており、本願寺の寺号が、公称化していたことは疑いないが、

西山久遠寺を兼帯す

このころには、こんにちの西山別院（京都市西京区川島北裏町）の前身である久遠寺をも、覚如が兼帯していたことがわかる。なお、久遠寺の起源に関しては、正和三年（一三一四）、覚如の創建したものとの説（『本願寺通紀』・村上専精『真宗全史』）があるが、確定できない。

七　三代伝持

覚如、廟堂の寺院化へ努力す

覚如が大谷廟堂を寺院化し、真宗教団の中枢としての本願寺にまで、その位置を向上させる道は、幾多の困難を伴いながら、地道に実現していった。そのため、かれは唯善騒動終熄後、屈辱的な懇望状までしたためて、留守職への執念をもちながら、門徒たちのかれに対する猜疑と批判が、容易に解消させえないほど、根深いものであることを知った時、かれは早々にして、長子存覚に留守職を譲り、みずからはいわゆる院政的形態をとることにより、本願寺を中心とする真宗教団の繁栄を、願ったのである。留守職というごとき形式的なものに、覚如はこだわったのではない。かれは、もっと遠大な希望に燃えていた。廟堂を本願寺として寺院化し、真宗教団の中枢としての教権を確立することにより、教団全体の繁栄の推進力とすること、しかも本願寺運営の権利と責任をもつ留守職は、覚信以来、親鸞の血統関係者間の適任者、具体的には、みずからの子孫の間で、継承されるべきであると考えていた。

了源、門下に入る

覚如は、存覚に留守職を譲った正和三年(一三一四)以来、存覚を伴い、東海地域や信濃等の地方に、巡錫(じゅんしゃく)の旅を重ねており、元応二年(一三二〇)には、興正寺(こうしょうじ)の開創者、空性房了源(くうしょうぼうりょうげん)が覚如の門下に入った。興正寺については、のちにくわしくふれることにしたいが、存覚に指導され、またたく間に、本願寺を凌駕(りょうが)し、繁栄をほしいままにすることになった。興正寺をめぐって、覚如・存覚父子の間に、対立反目という悲劇が訪れた。

覚如は、了源が門徒に加入した翌々年、元亨二年(一三二二)、存覚に留守職を譲ってより八年目にして、これを剝奪(はくだつ)し、父子義絶、本願寺より追放の強硬手段をとった。その原因や経過については、のちに検討するが、覚如がかつて留守職就任

親鸞教義の革新性

の希望を達成したところ、鏡御影の修復に際し、賛文を入れ替えてまで、親鸞主義を強調しようとした、かれの一貫した思想的立場が、脅かされようとしていると考えた、危機感かららしい。事実、親鸞の教義は、その革新性ゆえに、民衆の間に受容されること、困難であったと思う。したがって、これをどのような形で、民衆に説くかという点に至っては、教団指導者の間に、必ずしも一致していなかったらしい。存覚の思想的立場についても、のちにふれたいが、著作をとおしてみれば、かなり汎(はん)浄土宗的立場で、説いたことは歴然としている。

元亨元年（一三二一）ごろまでに、本願寺の寺院化が完成していたことは、さきにふれたが、翌元亨二年、存覚義絶の前後のころから、覚如は、教義の統制強化――親鸞主義の強調の課題に、逢着することとなった。義絶の翌々年、元亨四年（一三二四）、存覚は『真要鈔(しんようしょう)』以下の著作活動により、自己の思想的立場を、明らかならしめようと努めている。覚如も、さらに二年後の嘉暦(かりやく)元年（一三二六）、『執持鈔(しゅうじしょう)』を著わし、

善導・源空二師を継承

識語（西本願寺蔵）

「本願寺聖人仰」としての親鸞の教義が、善導・源空二師の教説を継承したものであり、しかも、自らは親鸞教義の正統的な伝承者であることを強調している。

ところで、了源の草創した興正寺は、のち存覚の命名により、仏光寺と称するに至った。元徳元年（一三二九）には、山科から京都渋谷（しるたに）に進出し、ますます繁栄をきわめており、本願寺中心主義を標榜していた覚如の前途に、大きく立ちはだかってきた。恐らく、仏光寺の極盛、本願寺の衰微が直接の刺戟となったものと思わ

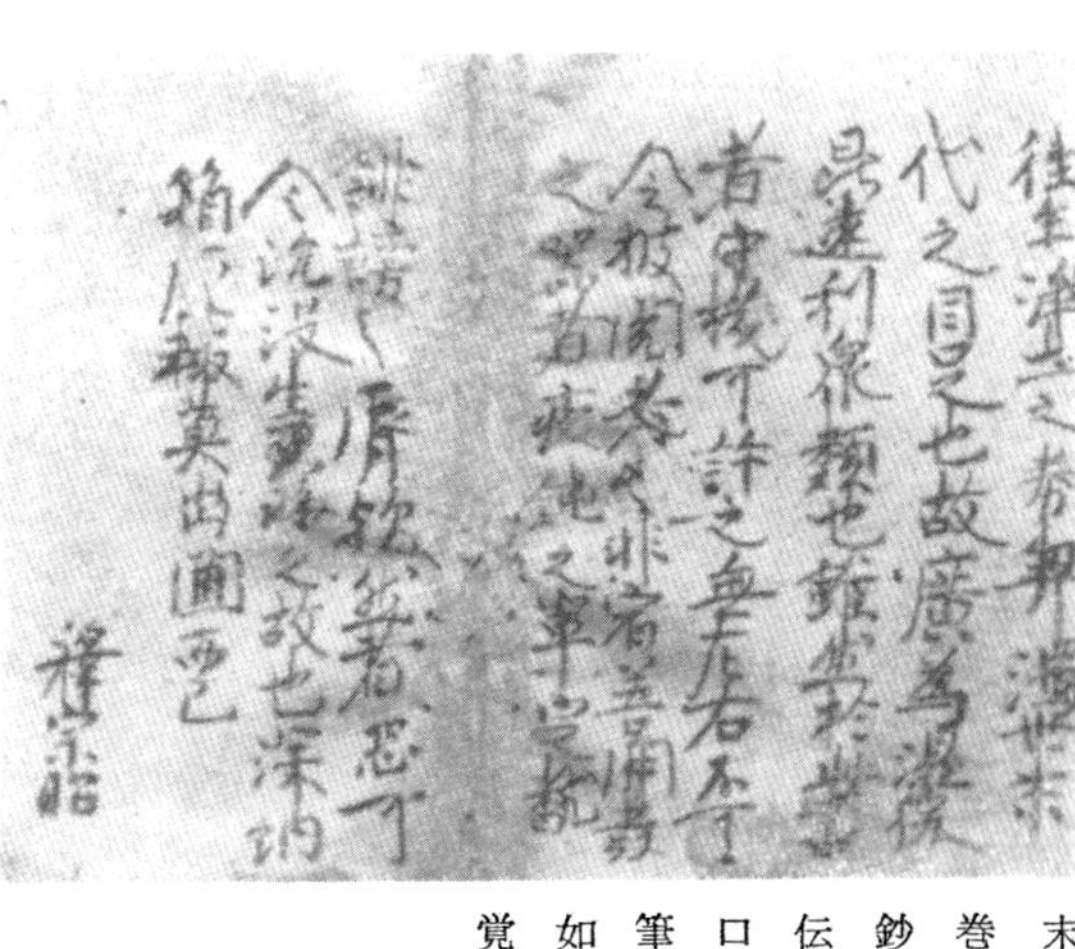

覚如筆口伝鈔巻末

れ、覚如は、六二歳の元弘元年（一三三一）、『口伝鈔（くでんしょう）』を著わし、親鸞―如信―覚如の宗義的伝を、強調するに至っている。『口伝鈔』巻末の識語には、次の如くいう（原文漢文）。

元弘第一の暦辛未仲冬下旬の候、祖師聖人本願寺親鸞報恩謝徳の七日七夜勤行中に相い当り、先師上人釈如信面授口（く）決（けつ）の専心専修別発願（べちほつがん）を談話するの次（ついで）、伝持し奉る所の祖師聖人の御己証（こしょう）、相承し奉る所の他力真宗の肝要、予が口筆を以て、之を記さしむ。是れ往生浄土の券契、濁世末代の目足なり。故に広く後昆を湿し、遠く衆類を利せんが為なり。然りと雖も、此の書に於ては、機を守り、之を許す可し。左右なく披閲せしむ可らざるものなり。宿善開発の器に非ずんば、癡鈍の輩、定めて誹謗の唇を翻えさん歟。然れば恐らくは生死の海に沈没せしむ可きの故なり。深く箱底に納め、輙く閫より出す莫からんのみ。　釈宗昭

如信強調の理由

ここにおいて、覚如がことさらに如信に言及するに至ったのは、如信が親鸞の血統をひいており、しかも、面授口決の弟子であったこと、覚如また如信を直接の師としており、したがって、親鸞—如信—覚如の継承関係は、法脈とともに、血縁のつながりもあり、仏光寺系には、到底このような系譜の優秀さを主張する何物もないのに対せしめていたのであろう。ことに、親鸞の思想的立場は、中古天台以来の口伝法門の系譜を引いていたのであり（拙著『日本浄土教成立過程の研究』）、師資間の口伝を、最も重視した一面があったので、覚如は、自らの口伝の師としての如信を強調す

ることにより、その思想的立場の正統性を裏付けるべく、意図していたものと思う。

『口伝鈔』著作後六年にして、建武四年（一三三七）九月、覚如は『改邪鈔』を著わした。ここにおいても、かれは「此鈔は、祖師本願寺聖人親鸞、先師大網如信法師に面授口決の正旨、報土得生の最要なり」という。しかも、この文句に続けて、自分が壮年の往日、黒谷・本願寺・大網の三代伝持の血脈をうけ、仏恩に感銘しているのに、このごろ、祖師の門葉と号しながら、師伝でない自説をとく者が多いのを慨歎して、この書を著わしたのであるという。ここに三代伝持というのは、一応、法然—親鸞—如信の継承をさすが、覚如にとっては、これは、親鸞の師としての法然を強調する、当時の一般的風潮に同じたものにすぎないのであり、かれにとっては、むしろ、親鸞—如信—覚如の三代伝持こそ、宗義的伝の血脈として、強調されるべきものであった。

二幅の画像

なおこんにち、本願寺には、覚如の発起によって作られたと思われる、二幅の画像を伝えている。「光明寺善導和尚」「黒谷源空聖人」「本願寺親鸞聖人」との札銘のある各立像三祖像一幅と、「本願寺親鸞聖人」「釈如信法師」「釈覚如」の札銘のある三師連坐像一幅とである。いずれも札銘は、覚如の筆である。前者に

善導・法然・親鸞三師像
（西本願寺蔵）

は銘文はないが、後者には、上部に『正信偈（しょうしんげ）』の文や、第十八願の文等が加えられている。三師がそれぞれ対向して画かれているのは、法脈の相承を示すものである。私見によれば、善導以下三師の像は、覚如が、『執持鈔（しゅうじしょう）』の段階に対応して、作製した。これに対し、親鸞・如信・覚如連坐画像は、『口伝鈔』以下において、仏光寺等の教団に対抗し、覚如に継承された本願寺の血脈の的伝性を、ことさら強調しようとした精神の産物であろう。

如信の素性

覚如が、親鸞からみずからへの橋渡し的存在と吹聴した如信は、親鸞の長子、善鸞の子である。かれは嘉禎元年（一二三五）の出生、親鸞の六三歳の年に当る。『親鸞聖人門弟交名牒（きょうみょうちょう）』によれば、如信の門弟として、覚恵・乗善・入善・明教・性信・覚如の六人が、あげられている。覚恵・覚如父子が如信に受教したのは、事実であろう。『最須敬重絵詞』によれば、如信は幼少のころより、祖父親鸞の膝下にあり、聞法（もんぽう）の機会も多かったといわれる。かれが、東国に赴き、奥州大網

（福島県東白川郡古殿町竹貫か）に住むに至ったのは、父の善鸞の東国下向に従ったからで、その時期は、大体建長五年（一二五三）ごろ、如信の二〇歳前後のころとされる（『本願寺史』第一巻）。

親鸞・如信・覚如三師連坐像
（西本願寺蔵）

びわ女預状

ところで、建治三年（一二七七）十一月一日、如信が覚信尼から、一六歳の下人びわ女を預ったことをのべる自筆預状が、本願寺に伝わる。恐らくこの時、如信は上京してきたのであろう。しかし、覚如はこの年八歳で、慈信房澄海に就学中で、如信から受教したとは思われない。覚如が最初に如信から聞法したのは、一八歳の弘安十年（一二八七）十一月十九日、親鸞正忌に参会のため、奈良から帰洛した際、参詣のため、大谷にきていたかれに会った時である。『慕帰絵詞』には、「如信上人と申し賢哲にあひて、釈迦・弥陀の教行を面受し、他力摂生の信証を口伝す」という。

善鸞、覚如に符をすすむ

正応三年（一二九〇）、覚如は父覚恵とともに、東国に下向した際、相模余綾山中で、風瘧（風邪）にかかり病臥していたところ、善鸞が如信とともに訪れ、符を書いてこれをのみこむよう、覚如にすすめた。善鸞の言によれば、自分は、符をもって、凡ての災難を対治することができる。邪気・病悩・呪詛・怨家以下、効験がなかったことがない。いまの病気は、温病とみえるので、これを服したら、即座に平癒するであろうとのことであった。覚如は当惑したが、ことわることも出来なかったので、のむまねをして、手の中へ符をかくし、口には入れなかった。善鸞はさすがに、そのことがわかったようで、他日、覚如は自分の符術を軽蔑して用いなかったのであると、人に語ったという(『慕帰絵詞』『最須敬重絵詞』)。

覚如、如信画像の裏書をかく

この際は、いうまでもなく如信は単に善鸞と同座したのみであり、かれが善鸞の異義に同調したとは思われない。こんにち、本願寺に伝わる、如信の画像の上部に、『正信偈』の文句が書かれている。画像の裏書は、応安七年(一三七四)、善如が修復した時、覚如筆の裏書を、写したものである。これによれば、

如信上人御影 時也春秋五十七御影也。奇瑞不可称計。御入畳正安二年庚子春穐六十六。画工康楽寺法眼浄喜筆也。

先年正応四年辛卯歳正月廿一日銘文書之。而依送年序破損之間、所奉修複也。元亨三歳癸亥十二月十二日記之云々。

沙門宗昭頽齢五十四　　康楽寺画工沙弥円寂

応安七年甲寅二月廿二日所奉修複也。　　権少僧都　俊玄

とある。したがって画像は覚如が相模余綾山中で、善鸞・如信父子に会った翌年の正応四年（一二九一）、如信五七歳の寿像であった。のち元亨三年（一三二三）、破損していたのを、覚如が修復した。なおこれにより、如信は、正安二年（一三〇〇）、唯善の陰謀がはじめて発覚した年の前年、六六歳をもって死去したことがわかる。

如信の終焉

覚如、如信の追修を行う

『最須敬重絵詞』によれば、如信は自坊のあった奥州大網東山より、三〇里西方の金沢（かねざわ）の乗善房の草庵に、正安元年（一二九九）十二月二十日頃から滞在していたが、明けて、正安二年正月二日から病臥し、四日には、異香室の中に薫（くん）じ、音楽窓の外に聞える奇瑞を現わして、死去したという。なお、如信の死去は、その年秋になって、初めて大谷に伝わり、大谷では追善を修した。のち、一年忌・三年忌は、京都で行ったが、正和元年（一三一二）は、十三回忌に当るので、覚如は前年冬、終焉（しゅうえん）の地金沢の道場において、諸方面の門弟を集めて、追修の仏事を営み、のち大網の遺跡に参詣し、ここでも一座の梵筵（ぼんえん）をのべたという。この正和元年は、唯善を斥けて、覚如が大谷に入り、留守職につきえた延慶三年の翌々年である。前年には、存覚を伴い、越前において、留守職就任後の最初の布教を試みている。このころ、前途に心を躍らせていた覚如は、如信ゆかりの地で、感慨深く、布教をかねて追修の儀を行なったのであろう。

如信の三三回忌

覚如は、正慶元年（一三三二）、如信の三三回忌にも、金沢や大網に赴き、追善を修したといわれる（『一期記』）。なおこの際、有力門弟二四名が集まり、親鸞の教義を遵奉することを誓って、連署したのにはじまるといわれる、いわゆる「二十四輩」の伝承がある。正慶元年正月五日、大網の空如（如信の孫）の執筆にかかるといわれる、『二十四輩牒』も伝わる（大網願入寺蔵）。いま参考までに、全文を掲げておこう（宮崎円遵『続親鸞とその門弟』所収）。

二十四輩の伝説

性信御房　下総国豊田庄横曽禰

真仏御房　下野国大内庄高田

順信御房　常陸国富田

乗然御房　常陸国南庄

信楽御房　下総大方新堤

成然御房　下総上幸嶋市野谷

西念御房　武蔵野田

性証御房　下野戊飼高柳

善性御房　下総豊田飯沼

是信御房　奥州和賀郡

無為信御房　奥州

善念御房　常州久慈東

信願御房　下野アワノ志賀崎

道円御房　跡唯円奥郡内田

定信御房　跡善明中西アワ

念信御房　常陸毘沙幢

入信御房　常州久慈東八田

明法御房　跡証信久慈西楢原

慈善御房　奥郡村田

唯仏御房　跡鏡願兄弟常陸吉田枝川

唯信御房　常陸奥郡戸森

唯信御房　跡願信奥郡ハタヤ

唯円御房　跡信浄奥郡トリハミ

　已上二十四人連署畢。

右此二十四人門人、於二親鸞御在世一、一流相伝之遺弟也。爰近比門葉中、有下不二相伝一之族上。私構二今案之自義一、謬二背師伝之正流一。甚以不レ可レ然。自今已後、本願寺聖人於二御門弟一者、彼邪義為二停廃一、専可レ守二師之遺誡一者也。末学可レ知レ之。仍守二正流一之門弟、如レ件。

正慶元年壬申正月五日

覚如上人於二大綱御坊（マヽ）一有対二門弟一記レ之。　執筆釈空如

ここにあげられた人たちのうちには、真仏・性信・順信以下、有力門弟が名を連ねている。正慶元年といえば、存覚義絶後一〇年目に当っており、覚如がこれだけの有力門弟を、完全に掌握していたとは、到底考えられない。二十四輩というのも、『改邪鈔』の「二十余輩の学者達」の文句から、考え出されたものであることも、一般的に認められている（宮崎、前掲書）。恐らくその成立は、覚如の時代を降るものであろう。それにしても、覚如による教義統制の場として、如信の遺跡が、引き合いに出されているのは、覚如の如信への傾倒の、伝承化されるに至ったものとして、意義をみとめるべきであろう。

八　著作と思想

覚如の如信強調の時期

覚如が、親鸞からみずからへの橋渡し的存在として、如信の存在を、ことさらに強調するに至ったのは、元弘元年（一三三一）、六二歳にして、『口伝鈔』を著作したころからであったらしい。翌元弘二年には、奥州において、盛大に如信の三三年忌を修したこと、前述のとおりである。『口伝鈔』より、五年前の嘉暦元年（一三二六）に成った『執持鈔』には、如信のことには、全く言及していない。したがって、元弘元年ごろを転期として、覚如は、如信の存在を意識的に、もしくは意図的に力説するに至ったと、考えてよいと思う。

元弘元年以前の覚如と如信との関係については、弘安十年（一二八七）、一八歳にして如信に面謁し、「他力摂生の信証を口伝」（『慕帰絵詞』）したというのをはじめ、如信死

『口伝鈔』における如信強調の理由

後、正和元年（一三一二）、奥州金沢や大網において、十三年忌を修したこと、元亨三年（一三二三）、存覚義絶の翌年、如信の寿像を修復し、裏書を加えたことくらいが、特記に値する程度である。覚如や父の覚恵が、如信に受教したのは、『交名牒』の示すごとく、事実であったらしい。したがって、元弘元年以前の覚如の、如信敬慕の行実は、同じ血統をひく先輩という点からも、むしろ自然的なものであったといえよう。『口伝鈔』述作を転期として、親鸞―如信―覚如の血脈相承をことさらに強調するに至ったのは、真宗教団内における〝本願寺教団〟の正統性を、強く打ち出すための要請から出たものと思う。

『報恩講私記』を作る

覚如の著作としては、永仁二年（一二九四）、二五歳の時の『報恩講私記』をもって、嚆矢とする。この書の著作年については、『慕帰絵詞』には、「往年にや」とあるのみで、確定的なことはのべられていないが、真宗系学者の間では、大体永仁二年の作とし、この年、親鸞の三三年忌に際会して、述作したものとする（梅原真隆『覚如上人』、上原芳太郎『初期の本願寺』）。著作の意図は親鸞の歎徳にあり、覚如の死後も、親鸞の月忌に際しては、必ず講演されていたらしい（『慕帰絵詞』）。

この書は、「讃二真宗興行徳一」「嘆二本願相応徳一」「述二滅後利益徳一」の三部より成る。真宗興行の徳を讃ずる項では、善導・法然を継承して、親鸞が「専修正行の繁昌」をもたらした徳をのべる。本願相応の徳を嘆ずる項でも、善導の『定善義』や、『往生礼讃』の文を引き、名号を唱えて、弥陀・釈迦二尊の悲懐に協わんことを提唱する。滅後利益の徳を述べるというのは、親鸞死後も、諸国の門弟が京都に参集し、「廟堂に跪きて、涙を拭ひ、遺骨を拝して、腸を断つ」といい、大谷廟堂を中心とする門徒の篤信の状態をのべる。全体として、親鸞が善導・法然を継承した念仏弘通の徳をのべるが、しかも、かれが「直也人」でなく、「弥陀如来応現」として、称揚することは忘れていない。

『親鸞聖人伝絵』を著わす

『報恩講私記』述作の翌年、永仁三年（一二九五）、著わされた『親鸞聖人伝絵』においても、親鸞を弥陀如来の化身とする立場は貫かれている。すなわちこの書で、法然を勢至菩薩の化身、聖徳太子を観音菩薩の垂跡とし、親鸞は二菩薩の引導により、如来の本願を弘める使命を荷っている。しかも、「かの二大士の重願、たゞ一仏名を専念するにたれり。いまの行者、錯て脇士に事ふることなかれ。たゞちに本仏を仰ぐべし」といい、法然や聖徳太子よりも、阿弥陀如来そのものを仰ぐべきことをとく(上第三段)。しかも、他の所で、「祖師上人は、弥陀如来の化身にてましますといふこと、あきらかなり」(上第四段)とか、「聖人、弥陀如来の来現といふこと、炳焉なり」(上第八段)といい、彼此あわせて、法然や聖徳太子よりも、本仏=阿弥陀如来の化身である親鸞を、直接の帰依の対象とすべきことをといている。前年著作の『報恩講私記』とともに、親鸞至上主義は、歴然としてうかがわれる。

親鸞至上主義の主張

このころは、父覚恵とともに大谷に居住の、いわば部屋住み時代である。しかも、かれの真宗教団建設の意図は、かれの著作活動の初期に位置するこの二著に、明確に読みとることができよう。

『拾遺古徳伝』を著わす

『伝絵』の成立におくれること六年、正安三年（一三〇一）、覚如三二歳にして、法然の伝記としての『拾遺古徳伝（しゅういことくでん）』を編纂した。この年冬のころ、鹿島門徒の長井導信が、法然伝記を新草するよう、依頼して、上京してきたために（『一期記』）、覚如は十一月九日より、同十九日に至る一七日間に、一気に執筆したものである（願徳寺蔵本奥書）。なおこの時、滞京中の長井導信から、大谷に安住していた覚恵・覚如父子が、唯善の陰謀をはじめて知らされたことは、さきにふれた。『拾遺古徳伝』そのものは、先行の諸種の法然伝記を採用した、文字通り、法然を主題とする伝記にすぎないため、親鸞にはほとんどふれていない。承元元年（一二〇七）のいわゆる承元の法難に、親鸞も加えられ、死罪に行われる由、風聞があったが、声望により免れ、遠流（おんる）に処せられたこと（巻七第四段）、晩年の親鸞が帰洛後、法然をしのび、忌日ごとに、月々、四日四夜の礼讃念仏を行ったという（巻九第七段）、以上、二カ所にみえるにすぎない。

東国の門弟間に、法然の伝記を必要としたという、当時の真宗教団の思想動向に注目すべきであり、覚如が素直にそれに応じたものとして、みるべきであろう。当時の真宗教団は、親鸞そのものの特殊性の主張より、むしろ法然の遺産を継承強調しながら、発展してゆかざるをえない、客観情勢にあったものと思う。とにかく、従来の法然伝記にみえない親鸞関係記事を挿入したことに、覚如の意図をよみとるべきであろう。

『閑窓集』を編集す

『拾遺古徳伝』著作後、法文関係においては、覚如は二五年間の空白後、嘉暦元年（一三二六）、『執持鈔（しゅうじしょう）』を著わした。この長い空白の期間において、かれは存覚に大谷廟堂の留守職を譲った翌年の正和四年（一三一五）、自作の和歌を集めて『閑窓集（かんそうしゅう）』を集成した。表面的には、一応大谷廟堂の中心的位置より隠退することにより、閑日月を楽しむ余裕を、余業の歌作に托したのであろうが、これについては、のちにふれることにしたい。

『執持鈔』を著わす

『執持鈔』において、かれが再び長い沈黙ののちに、法文関係著作の筆をとったのは、嘉暦元年九月、飛驒の願智房永承よりの依頼が、直接の動機となった（『慕帰絵詞』）。しかし、この年は、仏光寺了源の存覚接近により、ついに存覚を義絶するに至った元亨二年（一三二二）より、すでに四年目に当っていた。かれは齢も五七歳に達し、思想的にも、みずからを中心とする本願寺教団の、よって立つ立場を、闡明しておく必要を感ずるに至ったのであろう。

さきにもふれたように、元亨元年（一三二一）の公文書には、すでに本願寺の寺号が使用されているが、それより五年後の『執持鈔』においても、冒頭に「本願寺聖人仰云」の句をかかげ、〃本願寺〃主義を鮮明にしている。この鈔は、すべてで五カ条より成る。第一条の来迎否定の文は、『末燈鈔』より引勘したのをはじめ、第二条は、『三帖和讃』『末燈鈔』『恵信尼文書』等を引用しているが（梅原真隆『覚如上人』）、私見によれば、地獄におちても、後悔しないというところなどは、唯円の『歎異抄』よりの引勘と考えられる。第三条は、善導の『玄義分』等を引用し、第十八

信心正因と一念業成

願を説明しているが、第四条は、信心と名号乃至摂取の光明との関係を、説明している。「信心をおこして、往生を求願するとき、名号もとなへられ、光明もこれを摂取するなり」という、かれのいわゆる信心正因の立場を、明言している。第五条は、平生の一念業成を強調しており、後年、『口伝鈔』や『改邪鈔』等にみられる思想的立場の特色が、ここにも明確に打出されているといえよう。全体を通じ、親鸞関係の引用が、比重を重くしており、覚如一流の立場における、親鸞の荘厳化による、真宗教団建設の理念は、このころすでに、ほぼ完成の域に、到達していたといえよう。

『口伝鈔』を著わす

『執持鈔』述作後五年にして、元弘元年（一三三一）十一月成った『口伝鈔』には、親鸞の強調により、意図された真宗教団の建設より、さらに進展して、親鸞―如信―覚如の血脈相承の力説により、真宗教団のなかにあっても、とくに本願寺教団の正統性の理論付けが、述作の主眼点となっている。冒頭に、「本願寺鸞聖人、如信上人に対しましくて、おりくの御物語の条々」とし、二一ヵ条の全編が、親鸞より如信が聞いたところとして記している。この鈔は、六年後の『改邪鈔』とともに、門弟の乗専の要請により、述作したものといわれる（『慕帰絵詞』）。末尾の奥書にも、この書が、親鸞より如信へ、面授口決されたものであることを強調している。

『口伝鈔』は、書中いたるところで、「口決相承」「口決の末流」「先哲の口授」という、いわゆる口伝により、「黒谷の大勢至菩薩化現の聖人より、代々血脈相承の正義」をうけたというように、文字通り、口ずてに法然・親鸞以来の真実の法門を、如信より覚如が、直接伝授されたものとして、記している。覚如が一八歳の弘安十年（一二八七）、唯円が上洛した際、かれから法門を聞いたというのは、『慕帰絵詞』に記すところであるが、『口伝鈔』にも、『歎異抄』の有名な「親鸞は弟子一人ももたず」の語をはじめ、千人殺害の譬など、多く依拠している。恵信尼

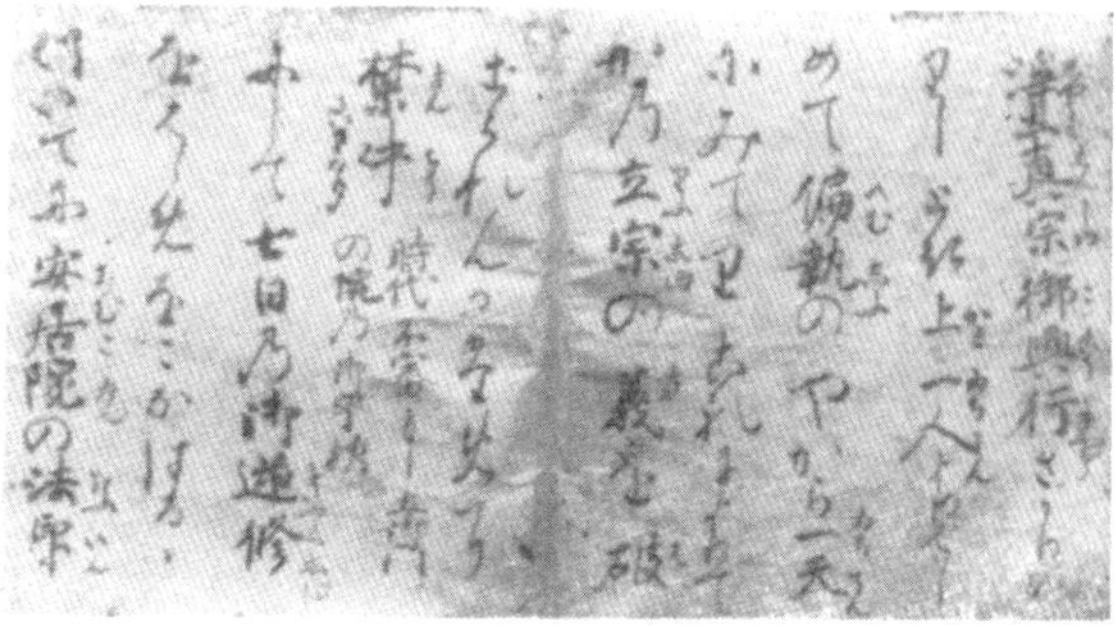

覚如筆口伝鈔（西本願寺蔵）

消息も、二―三採用している。全編中、冒頭の記述にもかかわらず、如信より直接覚如が聞いたとしたのは、第一九条の「如来の本願は、もと凡夫のためにして、聖人のためにあらざる事」と、第二〇条の「つみは五逆謗法むまるとしりて、しかも小罪もつくるべからずといふ事」の、二カ条がみえるにすぎない。

第一九条は、いわゆる悪人正因説の理解において、親鸞―『歎異抄』の立場と異なり、『醍醐本法然上人伝記』にみえる、浄土宗的解釈と一致している（拙著『日本浄土教成立過程の研究』）。第二〇条は、罪悪の問題を放下すべきことをといたのであるが、少なくとも第一九条は如信の思想を伝えたものと思う。したがって、覚如が如信より受教したことは、確かであったと思われる。しかし、『口伝鈔』よりうかがえる範囲では、それは比較的小範囲の影響に止まっている。『歎異抄』等親鸞遺語の編著を、もっと多方面的に採用している。ことに第二一条に、結論的に示された、平生の時における一念業成と、往生治定後の仏恩報謝としての多念の称名をとく、覚如一流の思想的立場を強調したものである。

如信口伝の強調の理由

覚如が五年前編述した『執持鈔』には、如信よりの相承を、全くとかなかった。しかも、ここに至って、全面的に如信よりの口伝を強調することとなったのは、一両年以前、存覚の命名により、興正寺より仏光寺に寺名を改めた了源の寺が、前年の元徳二年（一三三〇）、いよいよ山科の地を払って、京都渋谷に進出してきていた。本願寺の前途に大きく立ちはだかったこの段階で、覚如は、親鸞―如信―覚如こそ、真宗教団中でも、最も正統的な思想的立場を相承したものとして、自己の思想的拠点を、闡明ならしめておく必要を痛感したからであろう。しかも、この記には、第六条の、本尊・聖教を邪信者よりとりかえすことの非をといた記述など、他派批判の言辞が、すでに二―三みえるが、しかし、次の『改邪鈔』の破邪に比べ、いわゆる顕正の書といわれるように、そのような点は、比較的稀少である。これは、仏光寺との対決における、時期的な段階差に基づくものと思う。

『本願鈔』を作る

建武四年（一三三七）八月一日、『口伝鈔』成立後六年にして、覚如は『本願鈔』を述作したことが、存覚の加えた同書の奥書にみえる。『大無量寿経』のいわゆる本願成就の文をはじめ、善導の『往生礼讃』等の引文により、本願と名号との関係等についてのべたものである。簡潔な短文にすぎない。この年九月二十五日に

『改邪鈔』を著わす

は、『改邪鈔』を撰述した。覚如の法門関係の代表的著作で、『執持鈔』『口伝鈔』とならび、三部作ともいわるべきものである。同書跋文には、黒谷・本願寺・大網、すなわち法然・親鸞・如信の三代にわたる「伝持之血脈」を標榜し、ことに、

祖師親鸞より、如信に面授口決した正旨を説いたものであることを強調している。

この書は、劈頭、名帳・絵系図等の邪義性をといている。全編二〇カ条はすべて、仏光寺以下、真宗系他派教団のなかで流行していた、異端邪説の糾断が、ねらいとされている。しかも、最後の第二〇条において、「至極末弟の建立の草堂を称して本所とし、諸国こぞりて崇敬の聖人の御本廟本願寺をば、参詣すべからずと諸人に障碍せしむる、冥加なきくはだての事」というに至っている。恐らく仏光寺を直接の攻撃目標とし、これら他派教団に優越するものとしての、本願寺の権威を強調する意図を露呈している。ここにおいて、本願寺以外の他派は、思想的立場・行業・伝統的権威等、あらゆる視点から、批判されるべき多くの点をもっていた。換言すれば、本願寺こそ、親鸞—如信—覚如の血脈相承において、真宗教団内の正統中の正統として、確固たる位置付けが試みられているものといえよう。直接的には、当時本願寺の衰微とは対蹠的に、真宗教団中、最大の繁栄をほこっていた〝末弟〟了源創立の仏光寺に、主として批判の鉾先が向けられていた。今後の覚如の余生約一四年間は、文字通り『改邪鈔』に標榜したところの、心血を濺いでの実践が、かれの生涯を貫いた。

『願々鈔』を作る

覚如は、七一歳の暦応三年(一三四〇)、『願々鈔』を作ったが、それもいわゆる第十八願の解説を主とした短文である。本願成就の文にみえる「聞其名号信心歓喜」の「聞」の意味について、「善知識にあふて、本願の生起本末をきくなり」とし、善知識よりの聞法という点を強調している。親鸞は、「聞といふは、如来のちかひの御なを信ずとまふす也」(『尊号真像銘文』)とし、聞即信の立場をとっており、本願招喚の勅命を聞くことが、信心の確立としており、聞の意味を、衆生と如来との関係において、考えていた。しかし覚如は、如来より衆生への仲介者としての、善知識よりの聞法を強調するに至った。教団建設者としての立場から、聞の字についても、かれ一流の理解に基づいていたからであろう。

『最要鈔』を作る

康永二年（一三四三）、『願々鈔』とほぼ同様の趣旨の短文を、『最要鈔』として述作した。風邪で病臥中、目良寂円房道源が来訪し、依頼したので、第十八願の意を口述したのを、筆記したものであるという（『慕帰絵詞』）。善知識よりの聞法を強調する点なども『願々鈔』とほとんど一致している。

『尊師和讃鈔』を作る

『出世願意』を作る

以上のほか、貞和三年（一三四七）十二月二十八日、親鸞の『浄土和讃』『高僧和讃』等の『三帖和讃』の肝要を選抜し、『尊師和讃鈔』を編んだといわれる（『慕帰絵詞』）が、こんにち伝わらない。『出世願意』（別名『法華念仏同躰異名事』）も、「法花念仏同味の教」であることをとく短文であるが、これも覚如の作といわれる（『慕帰絵詞』）。なお『慕帰絵詞』には、「其外、本願先徳集記したまふ、教行証六帙の大綱をも請益する」とみえており、現存の『教行信証大意』が、これに当るとの説もある。しかしこの書は、存覚の思想系統に属するので、覚如のものは、失本となってしまったらしいとの説が有力である（藤原猶雪「覚如上人著述雑考」『無尽燈』二二巻四・五号所載）。

覚如の著述態度の進展

以上、覚如の著述活動を大局的にみれば、最も初期に属する『報恩講私記』や、『親鸞聖人伝絵』以下、すでに親鸞至上主義は、歴然としている。かれ自身の思想の特異な立場は、『執持鈔』あたりから、すでに確立していることがみとめられる。仏光寺等との競合（きょうごう）が表面化して以来、如信よりの相承を強調する『口伝鈔』や、さらに一転して他派攻撃の筆陣を張った『改邪鈔』の著作となった。本願寺教団建設の思想的立場は、ここにおいて、ゆるぎなき基礎工事を完成したともいえよう。

一念業成

機法一体

覚如の著作を通じてうかがわれる理念は、大局的には、以上のとおりであったが、さらに微視的にかれの思想の特色を検討すれば、かれ自身による新発揮も、試みられていることがみとめられる。これらについての詳細な検討の余裕はここにはないが、かれの一念業成（ごうじょう）・念仏報恩の強調は、一念義の修学よりの影響であり、機法一体の考え方にしても、西山（せいざん）義よりの導入と思われる（山上正尊「覚如上人と浄土異流に就て」『無尽燈』

二三巻四・五号所載）。ことに、親鸞には全くみとめられない宿善の強調に関して、大谷廟堂の管理をめぐって争った唯善と、論争を行ったエピソードも伝わっている。

宿善論

覚如の宿善論は、『口伝鈔』や『改邪鈔』等に明確にとかれている。いうところは、過去の宿善あつい者は、今生に善知識の教に随順し、信心がおこり、往生が決定するということについて、「宿善開発する機のしるしには、善知識にあふて開悟せらるるとき、一念疑惑を生ぜざるなり」（『口伝鈔』）という。ところで、宿善

宿善論争

ということについて、覚如が唯善と論争したことが、『慕帰絵詞』や『最須敬重絵詞』にみえる。すなわち、覚如が宿善開発の機こそ、善知識に値い、法を聞けば信心歓喜するゆえに、報土に往生しうる、と説いたのに対し、唯善は、十方衆生を救うと誓っているので、さらに宿善の有無を問題にすべきでなく、仏の本願にあえば、必ず往生をとげうるのである。これこそ、不思議の大願というべきであると批判した。

覚如は重ねていう。『大無量寿経』（下巻）には、「若人無善本、不得聞此経。清浄有戒者、乃獲聞正法。曽更見世尊、則能信此事。謙敬聞奉行、踊躍大歓喜、憍慢・弊・懈怠、難以信此法。宿世見諸仏、楽聴如是教」と説いている。宿福深厚の機は、よくこのことを信じ、無宿善のものは、憍慢・弊・懈怠にして、この法を信じ難いということは、明らかである。したがって、善導も、この文をうけて『往生礼讃』に、「若人無善本、不得聞仏名。憍慢・弊・懈怠、難以信此法。宿世見諸仏、則能信此事。謙敬聞奉行、踊躍大歓喜」と釈している。経釈共に歴然としており、これらの明文があるにもかかわらず、宿善の有無を問題にすべきではない、とはいえまいと反駁した。これに対し、唯善は、それなら念仏往生ではなくて、宿善往生というべきではないか、如何、といった。覚如は答えて、宿善によって往生するといえばこそ、宿善往生というべきであろうが、宿善があるために善知識にあいえて、「聞其名号信心歓喜乃至一念」する時、往生を決定し、正定聚に住し、不退転に至ると相伝している。これをどうして、宿善往生というべきであろうかといった。そののちは、お互いに言説をやめたという。

行願の論争批判

当時、伊勢入道行願という者、真俗二諦につけ、和漢両道にわたり、有識の仁という名をえていたが、後日、覚如・唯善の論争を伝聞して、その当否を判断した。行願の批評したところによれば、「北殿の御法文は、経尺をはなれず、道理のさすところ、言語絶し畢ぬ。又南殿の御義勢は、入道法文なり」（『慕帰絵詞』）という。北殿＝覚如の説は、傾聴すべき卓見であるのに対し、南殿＝唯善の説は、「入道法文」といって嘲笑したという。「入道法門」というのは、「いかなる事にか、慥かに相伝の旨はなくて、たゞ暗推の義なる由を申」（『最須敬重絵詞』）したのであろうといわれる。

〝宿善〟の考え方そのものは、平安時代の往生伝にも多くみえており（拙著『日本浄土教成立過程の研究』)、善根的仏教思想の間で、伝統的にとかれている。親鸞は宿縁の語は用いたが、〝宿善〟にはかつて言及していない。行的・善根的要素を否定したかれの思想的立場からは、当然のことである。覚如が宿善の考え方をとり入れるに至ったのは、

浄土宗西山派の影響

当時、浄土宗西山派の間で用いられていたところを、援用したものと思う。したがって、一歩を誤れば、自力的理解に堕する危険を包蔵していたのであり、大谷廟堂域内に軒を並べて居住し、廟堂の主宰権をめぐって、漸く対立を激化していた覚如・唯善両者の、論争となったものと思う。なお、覚如の思想の多くを継承した蓮如は、「蓮如上人仰られ候。宿善めでたしといふはわろし。御一流には、宿善有難と申がよく候由、仰られ候」(『蓮如上人御一代聞書』)というように、さすがに、宿善のいわば他力的理解を強調していることを、つけ加えておこう。

九　文藻

『慕帰絵』西本願寺蔵)

覚如、歌才にめぐまる

覚如が和歌の才にめぐまれていたことは、『慕帰絵詞』に収載された、多くの歌業によってうかがわれる。この書には、かれの歌作の天分は、日野家の血統にまつわる伝統的なものという。春曙・秋夕の風光の移りゆきに感興の赴くまま、あるいは布教の途次、名所旧蹟を訪れ、詩想に耽ったり、賓客との応対に、歌作をもってしたりした。

『閑窓集』を編集す

正和四年(一三一五)、四六歳にして、自作歌集『閑窓集』を編集した。上下二帖、千首二〇巻のこの歌

覚如，歌会を催す

集は、仙洞において叡覧に供され、名声高かったといわれる。すでに亡失してしまっているので、全貌はうかがいえないが、奥留に、次の二首が掲げられていた。

かずならで風の情もくらき身に、ひかりをゆるせ玉津島姫

あつめをく和歌の浦わの玉ゆへに、なみのした草あらはれやせむ

延慶三年（一三一〇）、四一歳にして唯善の陰謀を斥け、覚如の大谷還住・留守職就任が実現した。ついで、越前・奥州・尾張等、各地に布教の旅を試みたにもかかわらず、東国一帯の門弟間に、全面的な支持が、なかなかえられないことを知ったかれは、四五歳の正和三年（一三一四）、留守職を存

覚に譲った。表面的には、文字通り閑窓の身となったかれが、『閑窓集』として、従来の歌作を編集したものである。奥留二首の歌にも、有閑の身ではあるが、陰鬱な境遇に、前途の光明を待望しているかれの心境がうかがわれる。なおこの集中の歌で、『慕帰絵詞』にひかれたものとして、ほかに一首がある。

わすれじなきけとをしへし二葉より、十葉にかゝれるやどの藤波

覚如一〇代の祖とされる、日野有国よりの藤波の伝統に生きるべきかれの志念を、北野聖廟にささげたものである。

北野聖廟にささげる詩歌

いうまでもなく、北野聖廟は、当時学問の神とあがめられていた、菅原道真を祭神としており、覚如五二歳の元亨元年(一三二一)三月九日、親王・公卿・僧侶等の詩伯一九人、歌仙二二人が、法楽のために詩歌をものして、神前に捧げたことがあった。覚如は長子存覚・次子従覚とともに、詩一篇と、和歌三首をよんだ。この年までに、本願寺の寺号も公認されており、また、この年は、存覚義絶の前年

にも当っており、覚如親子が、京洛社交界のトップクラスとして、詩宴の栄誉に参加しえたことを物語る。ここには、覚如のものをかかげておこう。

宜矣雙松蒼翠影。載陽春色属二沙壖一。巫山景気霞籠レ夕。伍廟瞻望花発レ天。明徳月朧仙樹下。霊威風暖瑞籬前。意端顧素神垂レ愍。祖跡未レ忘陪二宴筵一。

身はかくて春のよそなる山ざくら、なにと心の花にそむらん（花山）

おぼつかなあまとぶ雁のたまづさの、かすみにきゆる雲のうはかき（雁帰）

ふた代こそ跡はへだつれ神がきや、ちりとなりこしかずにもらすな（神祇）

花間、鐘を聞く

覚如の年紀不明の歌作としては、かつて日野俊光以下が、東山の花林瞻望のために、かれの坊舎を訪れた際、「花間鐘」との題で作ったものに、

ながむとて花にくらせる程しるく、いりあひのかねを木の間にぞ聞

松島に遊ぶ

がある。またかつて東国への布教の途次、松島へ来遊し、

玉津嶋明神へ参詣す

存覚の坊舎を訪れる

（『慕帰絵』西本願寺蔵）

またもみついまはいつをかまつしまや、
身さへをしまに月ぞかたぶく

とよんだ。さらにある時、単身紀伊和歌山の玉津嶋明神に参詣し、独十首の和歌を作ったなかに、左の二首がある。

又やみむわすれもやらぬ浦風の、ふきあげのせとの秋のおも影（吹上浜）

わすれじなわかのうら波立かへり、心をよせし玉つしま姫（和哥浦）

暦応（りゃくおう）元年（一三三八）、覚如は一六年間にもおよぶ存覚への義絶をといた。存覚がこの年三月、備後の守護の面前で、法華門徒を論破した功

覚如，松島に遊ぶ

により、覚如が義絶を解除したものといわれるが、この年九月二十二日、覚如は存覚の坊舎を訪れ、二首の歌をよんだ。

　あだなりなしめぢがはらの秋かぜに、させもみだれて月ぞこぼるゝ（原月）

　秋ははやくれなゐ深くたつたひめ、もみぢの錦きてやゆくらむ（暮秋紅葉）

観月の歌

蕭条（しょうじょう）さと、絢爛（けんらん）さの秋の風物歌にすぎないが、翌二年八月十五日、観月の歌をよんだ。

　よもぎふのしげるを月のかごとにて、露わけわぶる影のさびしさ（閑庭月）

七〇歳の感懐

この年の暮、松によせて、七〇歳の感懐をのべた。

七十地(ななそじ)に身はみつしほのすゑの松、このとしなみもまたやこえなむ

暦応三年(一三四〇)三月九日、覚如は妻善照尼とともに、京都の郊外に赴いたが、その際、都に残してきた従覚の長男で、当時八歳の光養丸(こうようまる)を思いやり、

光養丸を思う

こひしさはおとらぬものを長日(き)に、おもひくらすと人のいふらん

と歌った。のちにのべるように、覚如は存覚義絶後、善照尼・従覚・光養丸と、留守職継承者を定めていたのであり、事実、光養丸は覚如のあとに引き続き、留守職を継承した。

覚如の歌業を、すべて列挙する煩はさけたいが、七八歳の貞和三年(一三四七)ごろ、『法華経』勧持品(かんじぼん)に託して、

『法華経』によせて

身はかくてあだしうき世にさすらへど、こゝろまことのみちにいりぬる

と歌い、また「心外無別法」と題して、

なにとたゞはじめもはてもなしときく、心ひとつをおさめかぬらむ

とか、「仏心者大慈悲是」の意味を、

あはれみをものにほどこす心より、ほかに仏のすがたやはある

とよんだ。仏の慈悲心を的確に歌ったものであるが、次の歌とともに、とくに秀作に数えられるべきであろう。すなわち、「生死涅槃猶如昨夢」をよんで、

かはらじな弥陀の御国にむまれなば、昨日の夢もけふのうつゝも

というのであるが、かれの晩年の仏教思想の表明としての円熟さを示している。

従覚との贈答

覚如は康永元年（一三四二）、再度存覚を義絶しており、みずからのなきあとの留守職継承者ときめていた二男の従覚や、従覚の子光養丸（善如）との贈答の歌が多い。七八歳の貞和三年（一三四七）八月一日、従覚は父に水精の念珠を贈ったが、そえて、

君のみぞかぞへもしらむ崑崙の、名もしら玉のかずをつくして

の歌を贈った。覚如これに答えて、

覚如，光養丸と桜をよむ（『慕帰絵』西本願寺蔵）

（『慕帰絵』西本願寺蔵）

崑崙のたまのひかりもわがあとに、のこらむ君が身をぞてらさむ

との返歌を贈った。翌貞和四年二月二十四日、桜の一枝を花瓶に挿し、光養丸が、

光養丸とともに桜をよむ

ふく風にしらせじとたてゝをく花に、ちらぬをひさにみむとおもへば

とよんで、花枝につけてあったのをみて、覚如は、

たをりをく花のあるじの行末は、さかゆくべしと春ぞしるらむ

たのむぞよ老木の花はちるとても、さきつゞくべき万代の春

覚如，天の橋立に遊ぶ

と、自己の後継者としての光養丸に、将来の希望を托した心境を歌っている。同年四月初め、覚如は丹後の天の橋立見物に赴いたが、この時も、光養丸を伴っている。成相寺（じょうそうじ）の柱に、覚如は、

天の橋立に遊ぶ

雲のなみいくへともなきすさきより、ながめをとおす天の橋だて

と書きつけたが、光養丸も、

をとにのみきゝわたりつるするゑ有て、浪まにみゆるあまのはし立

との歌をよんで、これに和している。

八〇歳の感懐

覚如は、八〇歳の貞和五年（一三四九）、病床に臥（ふ）したことがあった時、

かぞふれば釈迦と祖師とのよはひまで、いける八十（やそじ）の身さへたうとし

うごきなき心をもとのあるじぞと、しるこそやがてさとりなるらめ

とよんで、老の身に、信一念味得（みとく）の心境をのべた。翌六年正月二十一日、従覚の

光長丸を偲ぶ

二男光長丸の初七日にあたり、亡き童子をしのんで覚如以下、歌をよんだ。

あけくれは今や〳〵とおもふ身を、のこしをきてもきゆるあわ雪（覚如）

淡ゆきのきゆるより猶あだなるは、あとをもとめぬいのちなりけり（従覚）

あはれやなあわ雪よりも消やすき、人の命ぞ跡かたもなき（光養丸）

覚如は、すでに自らの死期の近きを察し、亡児の短命を惜しんでいる。文保二年（一三一八）二月、一九歳にして、覚如の妻となった善照尼は、中年以降の覚如によく仕え、貞和五年（一三四九）五月二十一日死去した（『一期記』）。覚如は存覚の義絶という、家庭的不幸から、二男の従覚や、その子光養丸（宗康）をことに寵愛し、善照尼とも琴瑟相和していた。かつて、自らなきあとの留守職後継者として予定したこともあったが、西山久遠寺に葬っていた。観応元年（一三五〇）二月、久遠寺の善照の墓所を訪れ、心静かに仏像に向い、経木の裏に、恋慕の情を書きつけた。

こゝにのみ心をとめし跡ぞとて、きてすむわれもあはれいつまで

おりにふれ事につけつゝきし方を、老のこゝろにわすれかねぬる

すでに、余命いくばくもないことを感得しつつ、苦難にみちたが、しかし、思い出多い過去を想起し、今はなき、善照との日々の追想に、浸っていたのであろう。

一〇　存覚義絶

覚如、存覚を義絶す

元亨二年（一三二二）六月二十五日、覚如・存覚父子は、一両年来、意見の衝突をきたしていたが、ついに、覚如による存覚の義絶となった。存覚はこの日大谷を退出し、牛王子辻子に寄宿した。七月二十日には、京都を出て、近江瓜生津（滋賀県八日市市）の愚咄のところに、ひとまず落着いた。愚咄は、存覚の妻奈有の縁者に当る人であった。年内に奥州に赴き、ここで越年したが、これは、東国の門徒に和睦口入を依頼するためであった。門徒たちは、来年秋には、必ず義絶の解除を、覚如に申し入れるとのことであった（『一期記』）。

さきにもふれたように、覚如は父覚恵の死後、三年後の延慶三年（一三一〇）、四一歳にして、唯善との紛争も一応解決して、大谷に入り、留守職の地位につくこと

覚如、一時留守職を存覚に譲る

ができた。そののち存覚を伴い、各地に布教を試み、門徒の獲得につとめた。しかし、覚如に対する猜疑の念も、なかなか融解しなかったようで、覚如は、正和三年（一三一四）、留守職を存覚に譲り、背後から本願寺教団の発展を策した。そののち、覚如は引き続き、一条大宮の窪寺の辺に居住していた。したがって、存覚が義絶されるに至った元亨二年（一三二二）まで、八年間にわたり、存覚が大谷廟堂の留守職の地位にあったことは、明らかである。はじめ覚如が存覚に留守職を譲ろうとした時、存覚は固辞した。覚如はそれなら聖蹟を牛馬の蹄にかける結果となるといって、留守職就任を強要したにもかかわらず、ここにおいて、存覚を義絶し、留守職を奪うに至ったのは、いかなる理由によるのであろうか。この点については、古来謎とされ、いろいろの推測が試みられているが、のちに至り、私見をのべることにしたい。

元亨三年（一三二三）三月晦日、存覚は奥州より、近江瓜生津に帰着した。五月には、

門弟、連署状をもって義絶解除をはかる

さらに、了源の建立した山科の興正寺（のちの仏光寺）に入った。長井導信（源明）・鹿島順慶・成田信性らを代表者とする、常陸鹿島の信海門徒らが入洛し、存覚の義絶解除のための連署状を作った。そののち、入京した門弟たちもこれに加わり、連署した上足の門弟は、四四名に及んだ。しかし、覚如に進覧しないうちに、世上の擾乱のために、連署状は焼失してしまった。

妙香院門主の下知状

覚如は、存覚義絶の翌々年元亨四年（一三二四）、本所の妙香院門主二三代慈慶より、次のごとき下知状（原文漢文）をえている。

親鸞上人影堂留守職の事、延慶年中、門弟等唯善と確論の刻、仰せ下す所の御下知状の如くんば、覚信子孫等の許否に於ては、宜しく門弟等の意に在るべしと云々。而るに今御所進の証文の如くんば、本願主覚信の寄付に就いて、門弟等敷地を進止せしむると雖も、財主の子孫として、留守職に於ては、相承の儀所見無きに非ざる歟。門弟等強いて自専の限に非ざる哉。何んぞ況んや事を左右に寄せ、門弟等の中、動もすれば留守職を相妨げんと欲するの条、一類別心の輩張行歟、太以て然る可らず。加之、御真弟光玄律師、条々不義により、義絶の由聞食され候処、門弟等の間、彼の律師に贔屓の輩有りと云々。義絶の身を以て、争か留守職を競望せしむ可けん哉。更に沙汰の限に非ず。所詮、財主の素意に任せ、留守職に於ては、永く付属状を守り、敢て他の妨げ有る可らざるの旨、妙香院前権僧正御房候う所なり。仍って、執啓件の如し。

元亨四年四月六日　　法眼（花押）奉

謹上　勘解由小路中納言律師御房

（懸紙）「謹上　勘解由小路中納言律師御房　法眼泰任奉」

文中いうところは、覚信の寄進状により、廟堂敷地は門弟の支配するところであるが、留守職の相承のことは定められていないので、門弟の自由にはできない答である。覚如に反対の門弟たちが、留守職に関して妨害をすることは、よくないことである。そのうえ、真弟（親子関係で法脈をつぐ者）の存覚は、いろいろ不義な点があったので、覚如が義絶したところ、門弟らのなかには、存覚に贔屓する輩があるとのことであるが、義絶された身で、留守職を望むということは、もってのほかのことである。大体以上のことをのべている。覚如がみずからとった存覚義絶の処置に対し、法的根拠を明確にしておくべく、本所妙香院門主に依頼し、この下知状の下附となったものと思う。

存覚は留守職を望みえず

ところで、存覚は義絶されてのち、元亨三年（一三二三）以降、了源の創建した山科の興正寺に居住していたが、そののち七年にして、元徳二年（一三三〇）、仏光寺は山科より京都渋谷に移転した。なお、移転の一両年以前から、存覚により、興正寺は仏光寺と改名されていた（『一期記』）。存覚は引き続き、渋谷の仏光寺内に居住していた。

存覚、仏光寺と命名す

存覚、関東へ下向す

元弘元年（一三三一）正月二十二日、存覚は関東へ下向のため出発した。仏光寺が火災にかかり、生活が困窮していたためである。まず近江瓜生津に着き、妻子をここに預け、単身関東へ下向した。そののち、存覚の家族は、鎌倉大倉谷（大蔵町）に移居した。元弘三年（一三三三）、存覚は妻奈有とともに帰洛の途についたが、妻は、遠江麻田（浜松市浅田町）の仏光寺下の門弟の許に預け、単身帰京した。六月九日、鎌倉を出発して以来四〇余日目に、近江瓜生津に到着した。ついで洛東渋谷の仏光寺に帰着した。

覚如、留守職安堵状をうる

存覚は、約二年半に及ぶ東国滞在中、門弟らと談合した結果、門弟らが運動したためであろうか、帰洛した年の十一月三日付で、青蓮院門跡慈道親王より門弟らにあて、影堂ならびに敷地は、門弟らの進止たるべき旨の安堵状が出された（『本願寺文書』）。しかし覚如は、これに対抗して、同じく青蓮院慈道親王より、留守職安堵の下知状（原文漢文）をえている。

本所御下知案十楽院故二品親王家御管領の時之を下さる。妙香院門跡

表書に云う

謹上　中納言法印御房　　法眼良増

本所御下知案時に青蓮院二品親王家妙香院御管領なり。

親鸞上人影堂留守職の事、且は財主の次第付属状を守り、且は先代下知の旨に任せ、次第相承、敢て他の妨有る可らず。光玄法印に於ては、義絶せらるるの上は、係望(けいもう)の限りに非ざる歟(か)の由、青蓮院二品親王(慈道)の御気色(みけしき)候う所(ところ)なり。仍(よ)って執啓件(くだん)の如し。

建武元年五月九日　　法眼判奉

謹上　中納言法印御房

建武三年(一三三六)夏、覚如は南北朝の戦乱をさけて、数十人をひきつれ大谷を去り、近江瓜生津に赴き、ここで越年した。足利尊氏が兵を九州大宰府に挙げて東上し、後醍醐天皇は難をさけて延暦寺に行幸し、戦火が京都に及んだからであっ

大谷御影堂炎上す

た。覚如の不在中に、大谷の御影堂や親鸞の影像は、焼失した。このころ、存覚は塩小路烏丸の興国寺に居住していた（『一期記』）。翌四年春、覚如は近江瓜生津（滋賀県八日市）より帰洛し、西山の久遠寺に居住した。覚如の娘で、存覚の妹の安居護（照如房）が、壬生雅康に嫁していたので、覚如は久遠寺から雅康邸に移居した（『一期記』）。

存覚、法華宗徒と宗論

同年内に、存覚は四八歳にして、備後に下向した（『顕名抄』奥書）。翌暦応元年（一三三八）三月、備後国府守護の前において、法華宗徒と宗論をたたかわせた。当地の門弟の希望により、悟一と名のり対決したのである。法華宗が屈服した結果、真宗教団はいよいよ繁昌した。存覚は備後滞在中に、『決智鈔』『歩船鈔』『報恩記』『法華問答』『至道鈔』『選択註解鈔』等を、門弟の依頼により著述した。ことに『顕名抄』は、仏光寺空性の師に当る明光（了円）が、京都において所望していたので、備後で草了し、与えた（『一期記』）。

覚如、存覚の義絶を解く

存覚は、同年閏七月帰京した。ついで九月、瓜生津愚咄の斡旋により、覚如は存覚の義絶を解いた。恐らく備後における存覚の法華宗論破における活躍を、覚如が多とした結果であろう。元亨二年以来、一六年にして父子の和解が成った。当時大谷の坊舎は焼失ののちであったので、覚如は壬生雅康邸に居住していたが、覚如の勧誘により、存覚は雅康邸に同宿した（同上）。

覚如・存覚は、親鸞御影を迎えにゆく

同年十月ごろ、さきに唯善が奪取して、鎌倉常葉に移坐していた親鸞御影を、大谷に返還することを、唯善の後継者が承諾したという風聞があったので、下野高田の専空らは、御影を迎えるべく、鎌倉に下向した。ついで覚如も鎌倉に向ったので、存覚も行をともにした。しかし、専空は御影を迎えることができず、空しく帰洛してきた。覚如・存覚父子は、途中尾張において、空しく引きあげてくる専空に出会い、ともに帰洛した。このたびの覚如の鎌倉行の途中、近江瓜生津に立ちより、愚咄は大和に案内したが、この際、大和秋野河の性空（吉野郡下市町滝上寺開祖）も同道した。この年十一月、専空の尽力により、本願寺の建物を、他所から三六貫

大谷本願寺再建

覚如・存覚は、大谷に移る

で買いとり、大谷に移建した。この時、三河和田の寂静も上洛してきて、この挙に協力した（『一期記』）。建武三年の戦禍炎上より、二年余りにして、大谷の堂舎は復旧再興した。この二ヵ月前、存覚の義絶が解除されたことは、高田専空や和田寂静らの奔走による大谷堂舎の復旧に、好条件として働いていたのであろう。想像を逞しくすれば、あるいは覚如は、大谷再興に対する門弟多数の支持協力をうるために、意図的に、存覚赦免にふみきるに至ったのではなかろうかと思う。

ところで、大谷御影堂の移建は、暦応元年（一三三八）十一月成ったが、房舎の建築は、翌暦応二年にまでもちこされていた。この年四月十二日、覚恵の三三回忌に当ったので、覚如・存覚父子の居住していた壬生雅康邸において、法要として法事讃を修した。存覚は当時病気のために、これに加わらなかった。そののち、存覚の妻奈有も病気に陥ったので、雅康に気がねし、存覚夫妻は大谷に移ることとなった。その時、房舎は未だ完成していなかったので、御堂の北の局に宿泊した。

秋になり、覚如や従覚らも大谷に移り、覚如は御堂の南の局に居住した（『一期記』）。覚如・存覚父子は、以上のような経緯により、再び大谷寺域内に、同居の身となった。しかし、この際の義絶解除は、決して心底からのものでなく、表面的乃至は手段的なものであった。このことは、覚如・存覚・従覚らが大谷に帰住した暦応二年の暮近く、覚如がひそかに執筆した置文等、数通の文書によってもうかがわれる。まず十一月二十八日付の置文をかかげておこう（原文漢文）。

覚如、置文をかく

（端裏書）「置文」

本願寺の留守職（別当職なり。）相伝等に就き、存知せしむ可き条々

留守職は善照房・従覚・光養丸と継承のこと

一、右当寺の寺務職は、祖母覚信御房（元兵衛督局）・亡父（元中納言阿闍梨）覚恵御房・宗昭の三代相続して依違なし。而るに宗昭一期の後は、祖母の例に任せ、同宿善照房其の職に居るべし。善照御房一期の後は、慈俊法印たる可し。慈俊一期の後は、字光養丸（叙爵して大夫宗康と号す。）伝持せしむ可きの旨、次第付属の儀を以て、

譲状を書き与え訖(おわ)んぬ。堅く此の趣を守らる可き者なり。

安居護を扶持のこと

一、安居護（一条前源中納言入道後室。）扶持を加う可き間の事

右、或は母儀、或は兄弟等なり。凡そ見放つ可らざるの条、勿論たりと雖も、故(ことさら)に存ずる旨有るに依り、斯(かく)の如く示し置く所なり。殊に等閑(とうかん)の儀無く、各(おのおの)扶持(ふち)せらる可し。

存覚の本願寺への係望を留めること

一、光玄小法師の事

右彼の光玄は、不義の子細重畳(ちょうじょう)に依り、不孝義絶度々(どど)、既に多年に及び畢(おわ)んぬ。爰(ここ)に愚老閉眼(へいがん)せしむれば、当所等に押し入る可きの由、当時より相議すと云々(うんぬん)。不孝の身を以て、重ねて没後不義の企に及ぶ可らざるの処、不孝状に背き、定めて悪党人等を相語(あいかた)らい、大谷本願寺に限らず、西山久遠寺に至り、係望(けいもう)の憶(おもい)有るに依り、乱入せんと欲する歟。然りと雖も、本所(ほんじょ)代々の令旨(りょうじ)の如くんば、光玄不孝義絶の身を以て、争(いかで)か当敷地等を係望

す可けんやと云々。公験等明鏡の上、且つ又勅裁の地、旁違犯せしむれば、其の咎、軽からざる者哉。速やかに時日を廻さず、公家に奏聞、本所に言上し、武家に触れ申すの時、蓋し彼の違背の狼藉を治罰し、光玄小法師を追放されん哉。

右、前の条々を以て斯くの如し。各、此の旨を守り、彼の寺務職等を全くす可し。若し違犯せしむるの輩に於ては、予、浄刹に在りと雖も、眦を閻浮に決し、其の罰を与う可し。若し又、遵行の族に至っては、若くは子孫、若くは門弟、寿福を厥の身に与う可き者なり。仍って置文の状、件の如し。

暦応弐歳己卯十一月廿八日　　法印（花押）

第一条において、本願寺の留守職は、覚信―覚恵―覚如の三代のあとをうけ、善照房―従覚―光養丸が継承すべきものであること。第二条において、存覚の妹で、壬生雅康に嫁していた安居護（照如房）の扶持について、一族の者の間で十分留意すること。第三条において、存覚は覚如の死後、本願寺並びに久遠寺を奪取しようと計画しているとの噂があるが、もしそういうことがあったなら、公家や武家に訴えて、狼藉を斥けるべきである。以上が、この置文にいわんとするところの大旨である。しかも、冒頭の留守職の語に、「別当職なり」との割注を加えており、ここにおいて、覚如は単に廟堂の管理権者としての留守職の語に、本願寺の長官としての「別当職」の実質的内容をもたせようとしていたことがわかる。したがって、この段階では、門弟たちに依頼されて、廟堂を管理する留守職の地位を向上させ、逆に門弟たちを含めた本願寺教団の主宰統制権をもつ者としての、別当職の実質的地位が、覚如によって構想されていたことは明らかである。

善照房への置文

前掲の覚如置文の第一条に、次第付属の儀をもって、譲状を書き与えたとみえるが、これに相当するものが、『本願寺文書』として伝わる。置文に、第一の留守職相続権者とされた妻の善照房に対しては、女性相手にふさわしく、仮名文で認められている。

本願寺御留守職（別当職のことなり。）の事

右の御留守しきは、祖母故覚信の御房・亡父覚恵御房・覚如すでに三代相続して、しさいなし。よて覚如をはりなんのちは、偕老（かいろう）の同宿善照の御房、御留すしきたるべきなり。善照御房御一期のちは、御あとを従覚坊につがせらるべし。従覚坊一期ののちは、字（あざな）光養丸にそのあとをつがすべし。次第附属の儀をもて、従覚坊におほせられをくべし。安居護（照如房と号す。）をば、善照御房一期のあひだは、御そらく（疎略）なく、はぐゝませ給べし。おやにてわたらせ給へば、かやうに申候はずともにて候へども、ことさらかきをき候なり。又従覚坊一期のあひだも、おなじく善照御房のときにかはらず、ねんごろにはぐゝみ申べし。従覚坊一期ののちは、字光養御留守職たるべし。照如房をはぐゝみ申事、又善照御房ならびに従覚坊がときにかはらず、はぐゝみ申べし。光養ために

はあね（姉）也。やしないは、なれば、ことにこゝろやすくおぼゆるものなり。そも〳〵又存覚法師にをきては、別して不孝状を かきをきたるうへは、ゆめ〳〵この本願寺ならびに、西山の久遠寺等へ、あし（足）をふみいれさせらるべからず。しかるにかの小法師存覚、不孝状をそむきて、愚老め（眼）をふさぎなば、悪党をかたらひ（語）て、当所へをし入るべきよし議するむね、そのきこえあり。もしさることあらん時は、院宣ならびに本所代々の御教書・度々の令旨等を違背するうへは、公家・武家ならびに本所へうたへ（訴）申て、時日をめぐらさず、かのやつをいいだ（追出）さるべきものなり。よて未来のために、かねてこの身存日のときより、ふで（筆）をそむ（染）るをきぶみ（置文）の状、くだむ（件）のごとし。

暦応弐歳己卯十一月廿八日　　釈覚如（花押）

文中いわんとするところは、前掲の覚如の置文と、内容的にほとんど一致している。同日付で、光養丸に与えた譲状にも、従覚死後は、光養丸が留守職を継承

光養丸への置文

すべきことをのべている。この書中にも、存覚並びにその子孫らは、従覚あての処分状にのせ示し置いたとおり、尽未来際、足を本願寺並びに久遠寺の郭内に踏み入れさすべきでないと記している。

従覚への置文

覚如死後の留守職継承者と予定された、善照房・従覚・光養丸の三人のうち、従覚を除いた二人あての譲状が、『本願寺文書』として伝わっているにもかかわらず、従覚あてのものは、真宗大系本の『本願寺文書』にも収められていない。しかし、さきにもふれたように、光養丸あての譲状にも、従覚あての処分状のことに言及しており、当然遺存して然るべき筈である。ところで、村上専精博士の『増訂真宗全史』には、当該のものと思われる、暦応二年の覚如の処分状が、収載されている。全文をかかげておこう(原文漢文)。

処分す、東山大谷本願寺並びに西山久遠寺御留守職の事

右、御留守職は、愚老に至り、既に三代相続、敢て以て依違なし。而るに病

存覚は附仏法の外道

気頻りに侵し、旦暮識り回し。玆に因り、次第附属の儀を以て、従覚坊に処分する所なり。偕老比丘尼善照御房、御一期の後は、従覚御房、御留守職として、本願寺竝びに久遠寺を住持す可きものなり。然れば祖母覚信御房・亡父覚慧御房御手綵(継)の院宣、竝びに本所代々の令旨・御教書等、悉く副え渡す所、抑、存覚小法師に於ては、已に仏法に附すの外道、冥罰を蒙るの条顕然、其の咎軽からず。努力努力、足を当鋪地竝びに久遠寺廓内に踏み入れらる可らず。彼の小法師の間の事、予不孝の上は、又連枝の儀有る可らざるの由、先年起請文の上は、勿論 弥 固く其の旨を守らる可きと雖も、凡そ次第附属の儀に任せ、示し置くと雖も、此等の条々、違背の子孫に於ては、正法護持の四大天王等、其のこれを罰する、定めて踵を回す可らざるもの哉。予又、浄刹に有りと雖も、臍を閻浮に廻らし、其の罰を与う可し。若し又、遺誡を遵行するの族に於ては、当寺の本尊・諸天冥衆等、宜しく寿福の大慶を授けらるべきなり。仍って処分状件の如し。

暦応二年己卯

覚如御判

この文書について、村上博士は真偽決し難いものとしているが、恐らく善照房・光養丸にあてた譲状と一連のものとして、実際に覚如により出されたものと思う。妻の善照房は女性の身であり、光養丸は当時僅か七歳にすぎず、覚如が留守職後継者として予定していた三人のうち、とくに分別盛りの従覚の処置に、多くを期待していたことは、容易に想像される。したがって、従覚あてのものは、荘重な起請文的形式を加えており、存覚に対する、忌憚なき批判の言辞ものべられている。従覚は存覚の弟であり、覚如なきあと、存覚に対抗しうるものとして、覚如は従覚に最大の望みを托していたのであり、従覚あてのこの譲状が、形式・内容ともに最も充実していたのは、むしろ当然のことと思う。

従覚への譲状紛失の理由

覚如が、最も重点をおいたとさえ思われる従覚あての譲状が、他のものと異なり、原本が早くから紛失し、写本としてのみ伝わっていたらしいのは、覚如死後、従覚は存覚と隔意ない交りを結んでおり、実際に覚如のあとをついで、留守職の地位についた光養丸（善如）も、存覚と親交があり、したがって、文中、「存覚小法師に於ては、已に仏法に附すの外道、冥罰を蒙るの条顕然」といい、存覚の思想批判を試みたごとき文句を含むこの譲状を、従覚か善如が、ことさらに消滅せしめたのであろうと思う。

覚如、置文を秘かに準備す

覚如が置文一通と、三通の譲状をしたためた翌日の、暦応二年（一三三九）十一月二十九日、留守職継承に関して、置文とほぼ同一内容の文書を認めたが、文中末尾には、「愚身閉眼の後、早く此の状等を抜き、存知せらる可きの由、惣御門徒中に触れ示さる可きの状、件の如し」といっており、置文や譲状が、遺言状的な効力をもたせるべく、秘かに認められたものであること、しかもこれを惣門徒中に披露し、支持をうけて、実現をはかるべきことが意図されていたことがわかる。

いうまでもなく、覚如はこの頃、存覚に対する義絶を解除していたのであり、これらの文書が、極秘のうちに作成されたであろう事情をも、諒察できる。

存覚に対する義絶解除が、表面的・一時的なものであったことは、義絶解除後四年にして、康永元年（一三四二）、覚如は再び存覚に対し、義絶を宣告したことによって、明らかである。時に存覚は、湯治のために、五条坊門室町の辺りにいたが、湯治の最中、覚如より、再度義絶する旨の通知が届いた。存覚は大谷に帰ることもできず、塩小路油小路の顕性なる者の宿所において、越年した（『一期記』）。義絶の解除から、再度の義絶に至る間に、存覚の行動に変化があったという形迹は認められない。したがって、覚如の存覚観は、この前後を通じて、一貫していたと思う。表面的に義絶を解除していた暦応二年の段階においてこそ、覚如は置文等一連の文書を、秘かに作成しておく必要を、痛感していたのであろう。

再度存覚を義絶す

存覚再度義絶の年の康永元年（一三四二）の十二月二十四日には、覚如にあてた青蓮

青蓮院門跡の令旨出さる

院若宮の令旨が出された。いうところは、存覚初度の義絶のとき出された元亨四年四月六日付の青蓮院門跡の御教書や、財主覚信の素意、さらには暦応二年の一連の譲状のとおり、御影堂の留守職を継承すべきこと、さらに存覚は義絶された以上、留守職の望みを絶つべきである、としている。恐らく覚如が、自らの処置に対する法的根拠を獲得するため、初度の義絶の際同様、青蓮院門跡に依頼した結果、この令旨が出されたものと思う。

門弟ら、存覚赦免運動のため上洛す

康永二年（一三四三）・同三年と、存覚はこののち、しばしば大和を訪れているが、康永三年十二月頃から、六条大宮の大宮寺に居住していた。この頃、常陸鹿嶋（茨城県鹿島町）の順慶や羽前長井（山形県東置賜郡川西町か）の道空、信濃飯田（長野県飯田市）の頓妙らが上洛してきたが（『一期記』）、恐らく存覚赦免運動のためであろう。

翌貞和二年（一三四六）六月二十七日、存覚は六条大宮から、綾小路町の道性の宿所に寄宿した。このころ眼病がひどく、数日間休息するという状態であった。大和

願西、和談を謀る

柏木(かしわぎ)（奈良県大和郡山市）の願西(がんさい)らが勧(すす)めるので、七月二十五日、大宮に帰住した。願西らは、覚如への和談をすすめようとしたが、覚如は遂に許容しなかった。そののちも、九月ごろしばしば上洛して、和解のことを覚如に申し入れたが、覚如は許さなかった。同年十一月、報恩講の際、願西は重ねて、和談を申し入れたが、存覚の行動が条理にはずれているということを、覚如が再度のべたところ、願西もついに理に服して承諾した。こののち、存覚は大和柏木の願西の所に居住しており、大和・摂津の門弟たちは、多く柏木を訪れることになった（『一期記』）。このころ覚如はすでに八〇歳に近く、存覚また六〇歳の一歩手前であったが、依然として父子間の対立確執(かくしつ)は、氷解の日を迎えることができなかった。

二 存覚義絶の理由

義絶の理由に関する従来の諸説

法義上とする説

ところで、従来覚如による存覚義絶の理由に関しては、いろいろの見解が出されている。最も古くは、『反故裏書』に、「其嫡男存覚上人者、法門御問答、御承伏の義なかりしかば、御義絶となり、しばらく、空性房了源、渋谷仏光寺へいざなひまふし、自義骨張のたよりとなし申せしまゝ、いよ〱御不快たりしかば、東国西国所々に忍び給ふ」とみえ、法義上の見解の対立を、義絶の真因とし、仏光寺了源と同調したことが、いよいよ覚如の忌憚にふれたものとする。『大谷本願寺通紀』にも、「去年来、師与二宗主一、数論二法義一。意趣稍異。師不二敢服一。至二今年六月一、宗主遂与レ師絶」とあり、法義の理解において、存覚が覚如に服しなかったからとする。『鑑古録』にも、「去歳ヨリ今年ニイタリテ、覚師上人ト法義ニツキ、御問答数度ニオヨブ。存師承伏コレナキ事ドモアテ」とし、ほぼ同様の見解を示している。

明治以降の諸説

法義上の理由によるとする見解は、そののちも継承されている。例えば、斎藤唯信氏は、「上人、存師と法義に就て、意見の合はざるものあるからである」（「覚如上人の教義」『無尽燈』二二巻四・五号所載）とされ、高嶋米峰氏も、覚如は法門上について熱烈な執着をもっており、聖道門自力的とは対立的な別途不具の本願を高唱し、絶対的教義を組織したが、存覚は聖道門なみに真宗教義を解釈しようとする、相対門の立場にあったからとされた（『本願寺、歴史とその信仰』）。法義上の理由というのに、修正的見解をとられるのは、中島覚亮氏である（「覚如上人と存覚上人との教理関係」『無尽燈』二三巻四・五号所載）。氏によれば、法義上承伏しなかったのが理由としても、それは宗義や宗意のことではなく、真宗の法義法門の伝道弘通上のことである。覚如は専ら内を鞏固にし、本宗の維持につとめたのに対し、存覚は外に向って発展することを主張した。すなわち、布教方針の相違によるものとされた。上原芳太郎氏も、覚如の方針が、廟堂中心に教団を統制し、発展しようとしたのに対し、存覚の行動が、不用意のうちにこれを裏切り、東国の門弟らが、存覚を支持しようとしたためといわれる（『初期の本願寺』）。

感情上の対立とする説

以上の見解に対し、両者の対立を、全く感情的なものとする説もある。村上専精博士は、父子不和の原因は、必ずしも、宗義上の問題にあったのではなく、存覚の声望隆々として世に挙がったことは、父覚如といえども、及ばないところであり、両者の間を離間しようとする讒者が、覚如に誣告したためとされた（『真宗全史』）。日下無倫氏も、覚如が留守職の後継者を全く自己の意のままに予定し、当然後継者たるべき位置にある長男の存覚をば、感情的に絶対に排斥すべしとしたのであり、門弟らに一言も相談することなかった「覚如の処置は、言はゞ専横と名づくべきものであって、これらはやがて、田舎の門徒等の心情をば」害する結果になったのであり、門徒に支持された存覚と、覚如との対立となったものとされた

（『真宗史の研究』）。

覚如の妻

さらに長岡仙覚氏は、覚如がつぎつぎに若い妻を迎え、継母と存覚の間が、うまくゆかなかったことが、不和の原因とされた（「覚如・存覚不和の原因に就いての一考察」『史学雑誌』三三編七号所載）。存覚の母はかつて祖父覚恵に勤仕しており、初め播磨局と称し、のち大夫と号した。存覚・従覚の二兄弟を産み、のち御上とよばれた。応長元年（一三一一）閏六月二十五日に歿した。四六歳であった。それ以外に、『一期記』に覚如の妻としてみえる者は、覚如三九歳の延慶元年（一三〇八）、当時二七歳にして、かつて延明門院（伏見天皇皇女延子内親王）に仕えて按察と号した今出川上臈と、小野宮中将師具の女（谷下一夢『存覚一期記の研究』）の二人に通じていた。師具の女とは同棲したが、覚如が宇治三室戸に籠居することとなったため、彼女を離別したが、翌年十二月に死去した。覚如四三歳の正和元年（一三一二）十月下旬には、今出川上臈を離別し、八条房信の女で、当時一九歳の御領殿（法名相如）を迎えた。覚如四八歳の文保元年（一三一七）には、御領殿を離別してしまった。翌文

播磨局

今出川上臈

小野宮師具女

相　如

保二年二月、一九歳の善照房を娶った。善照房は革島の革島氏または上久世庄公文真板氏の親縁者といわれるが(井上鋭夫『本願寺』)、覚如の最後の妻となったのであり、覚如死去の前々年の貞和五年(一三四九)五月二十一日、五〇歳で死去した。前にもふれたように、覚如の後半生の愛情と信頼をえていたのであり、みずからなきあとの留守職に予定していた。西山久遠寺に葬られており、八一歳の覚如がここを訪れ、懐旧の歌をよんだことも前述した。存覚を最初に義絶したのは、善照房を迎えた文保二年より、五年後の元亨二年(一三二二)であるが、長岡氏はやはり、父子間の感情的対立に、義絶の原因を考えられたわけである。

留守職の問題についてとする説

つぎに、留守職の問題をめぐって、存覚を義絶したとする説がある。三浦周行博士は、存覚の学徳がすぐれ、父子間を離間しようとする讒口が絶えなかったことと、祖父覚恵がとくに存覚を寵愛したことが、父の覚如に悪い印象を残していたのが、第一原因である。さらに、「上人を擁して管領となさんとする熱烈なる門弟の運動が期せずして起り、それが上人の留守職競望と解されて、覚如上人の義絶を招いたのであらう。義絶された上人を贔屓する門弟共が、留守職を定むるは、門弟であると主張して、覚如上人に反抗したことの本所の下知状に明白に書かれて居るのは、即ちそれである」として、存覚に積極的な意志がなかったとしても、留守職をめぐる門弟の動向が、覚如の猜疑心を深める結果となり、存覚を義絶するに至ったという（『日本史の研究』）。しかも、三浦博士は、宗義上の問題に関してとの説もあるが、少しもそのような形跡が見当らないのみならず、むしろ、否認を合理的ならしめるものがあるといわれた。

留守職説が正統的見解となる

三浦博士の留守職をめぐってという説が、そののちも、多くの研究者によって継承され、こんにちの学界において、ほとんど正統的位置を獲得している。山田文昭氏は、覚如・存覚両者の間に、性格上の差異があり、覚如に対しては、門弟間でも怨みをいだいているものが少なくなく、自然、門弟の輿望は存覚に集まっていた。しかも、留守職進退の権が門弟にあるというので、覚如を隠退させて、存覚を擁立しようとした。これが義絶の最大の原因であったといわれた（『真宗史の研究』）。住田智見氏（「覚如上人と異義者」『無尽燈』二二巻四・五号所載）や谷下一夢氏（『存覚一期記の研究』）から、さらに、最近の『本願寺史』においても、「義絶の原因が、門徒間の存覚擁立運動にあった」としており、山田説がほとんど定説化している。

最後に、以上の諸説に対し、梅原隆章博士は、また氏一流の見解を示された。すなわち、存覚は日野資朝とか、みずからの師の玄智僧正とか、後醍醐天皇をめぐる人々と親交があり、関東門徒群とも密接な交渉があったので、恐らく南朝方の間諜の役割を荷わされていた。義絶は行動を秘匿（ひとく）するためと、万一の場合に、難を大谷祖廟に及ぼさないための、親子合意の上のことである。義絶は存覚の間諜的行動の自由を確保するための、擬制（ぎせい）的義絶であったといわれた（『真宗史の諸問題』）。もっとも、覚如は北朝方で、存覚は南朝方とする説は古くからあったらしいが、三浦博士は、これはとるにたらぬ臆説とされた(『日本史の研究』)。なお、間諜説については、存覚と親交のあった仏光寺の了源が、南朝の間諜をしていたために、北朝方の刺客により暗殺されたとの山路愛山氏の説があり、その時の刺客に対する感状が、興福寺の古文書中にあるとのことで、大屋徳城氏が調査されたが、ついにこれを発見することができなかったといわれる(佐々木篤祐「了源上人の研究」『仏光叢誌』八〇号所載)。

留守職説の批判

以上みてきたように、義絶の原因については、大体①法義説、②感情説、③留守職問題説、④間諜説の四説があったことがわかる。このうち、留守職の問題をめぐってとする説が、最も有力である。しかし覚如は、正和三年(一三一四)、存覚をして留守職の地位につかしめており、そののち八年間は、存覚は覚如のバックアップにより、実際に留守職の地位にあった。したがって、覚如は本願寺を中心とする教団の発展のみを願ったのであり、存覚を留守職の地位にすえて、本願寺の発展がはかれるなら、一向に差支えなかった筈である。このように考えれば、父子の間における、留守職の競望をめぐっての対立ということは、考えられないのである。義絶—留守職の剝奪を、強行するに至るためには、存覚自身の側に、留守職としての不適格性が、覚如により考えられるに至ったということが、当然想像されなければならないと思う。ここにおいて、古来しばしば問題にされてきた、両者における法義上の対立があったか否かを、検討する必要がある。

法義説の弱点

ところで、従来の法義上の理由によるという説の弱点は、単に印象的見解に止っている憾みがあることである。いいかえれば、存覚の行実乃至は思想を分析した上で、覚如との異同に言及した研究はなかった。この点について、いささか検討しておこう。まず存覚の行実について、あとづけておきたい。

存覚の行実

存覚、慶海に就学す

存覚は、乾元元年（一三〇二）十月、大和中川（奈良県奈良市）の、密教系の成身院の子院である、東北院の円月上人慶海に就学した。時に一三歳であった（『一期記』以下同じ）。翌嘉元元年（一三〇三）ごろから、興福寺の院家発心院において毎月開かれた講筵に、存覚は問

東大寺にて受戒、出家す

密教修行

経恵につく

者の役を勤めた。その際、円月上人慶海の指導をうけた。この年十月十日、東大寺において受戒をとげ出家した。十一月二十八日、密教系で伝法灌頂をうける前の練行、すなわち十八道法・金剛界法・胎蔵界法・護摩法の四度加行のうち、十八道法から金剛界法まで伝受した。

一五歳の嘉元二年（一三〇四）五月五日、中川の円月上人慶海のところを辞し、青蓮院の院家の心性院経恵僧正の坊舎である、近江磯島の引接坊に入室した。それは、存覚が幼少の時より、度々病気にかかった際、経恵僧正は、その邪気をはらうために、慈恵大師（良源）の影像をかかげて加持を行っており、その効験によって平癒したので、存覚は経恵の弟子となって同宿することを、かつて約束したことがあったからである。入室祝いとして、弘法大師（空海）筆の如意輪大呪を受取った。引接坊では、法華経を伝受、また十八道加行を伝法した。また経恵の吹挙により、青蓮院の院家の尊勝院の玄智大僧都に師事し、顕密の受法に励んだ。この年十一

叡山にて受戒す

月には、叡山において受戒したが、戒師は法性寺座主慈道法親王であった。

四季講の講衆となる

一八歳の徳治二年(一三〇七)、叡山横川の四季講堂において、毎年四季に法華八講を修する、いわゆる四季講の講衆に列した。

彰空につく

この年、十月から十二月にかけ、樋口大宮の安養寺にゆき、阿日房彰空について聞法した。善導の『観経疏玄義分』以下、『定善義』に至り、聴聞した。彰空は、浄土宗西山派祖証空の門人で、深草流をはじめた円空の門下である(『法水分流記』)。これよりさき、正応二年(一二八九)、覚如は同じく、彰空より受法したことは前述した。存覚はこの年、はじめて彰空をとおして、浄土系教学に接触することとなった。存覚は後年に至るまで彰空と親交をもっており、彰空がかれの思想に及ぼした影響は、極めて大きかったことは、留意されるべきであろう。

証聞院に居住す

徳治三年(一三〇八)九月ごろ、存覚の生母播磨局の奔走により、存覚は、東山毘沙門谷に在り、東寺配下の証聞院の尊勝陀羅尼供養勤仕の供僧に列なることとなっ

勧進状を執筆す

大谷に移住す

た。翌延慶二年正月より、証聞院に居住することとなり、密教系の受法を遂げた。唯善が親鸞御影と遺骨を奪い、鎌倉に逃走したあと、覚如は大谷還住（げんじゅう）が不可能なら、別に一寺を建立する決意を固め、資金奉加（ほうが）のための勧進状を、存覚に執筆するよう命じたので、当時証聞院にいたかれは、さっそく草案をつくり、覚如に届けた。これが存覚執筆の最初であった。この年十月頃、存覚は証聞院の供僧を辞退し、離寺した。これは覚如の大谷還住が成り、留守職（しき）の後継者たるべき身として、大谷において同宿するようにとの、覚如の命に従ったためである。しかし、証聞院の観高僧正およびその弟子の俊覚僧正とは、生涯、親交を結んだ。

大町如道に伝授す

　応長元年（一三一一）五月、覚如に従って越前に赴き、大町の如道に対し、存覚が主として『教行信証（きょうぎょうしんしょう）』を伝授した。のち正和三年（一三一四）、二五歳にして、覚如より留守職を譲られたことも、さきにふれた。とにかくこの前後数年間は、父子協力して、布教に当っていた。

了源との交渉はじまる

三一歳の元応二年(一三二〇)、仏光寺の了源が、はじめて本願寺に来参した。覚如は、了源の指導は存覚に任せたので、了源はしばしば存覚を訪れ、存覚は了源のために、こののち、『浄土真要鈔』(元亨四、正、六)・『諸神本懐集』(同四、正、一二)・『持名鈔』(同、三、一三)・『破邪顕正鈔』(嘉暦三年一一月日)・『女人往生聞書』『弁述名体鈔』等、多くの法文を執筆して与えた。しかし三三歳の元亨二年(一三二二)ごろも、依然として顕密諸僧との交渉は続いており、この年五月、後醍醐天皇即位後、最初の最勝講が行われるに際し、この講の講師となった尊勝院玄智の依頼により、存覚は表白文を作成している。

父子間に口舌のこと続く

ところが、この両年間、父子間に「口舌事相続、遂預二御勘気一」る結果となり、六月二十五日、大谷を退出し、牛王子辻子に寄宿した。七月二十日、出京し、近江瓜生津にいた、存覚の妻奈有の縁者であった愚咄のところに赴いた。こののち、東国にしばらく滞在し、元亨三年(一三二三)五月には、山科に了源が建立した興正寺

興正寺内に居住す

内に、居住することとなった。三五歳の正中元年（一三二四）七月二十四日、存覚の第二女愛光が興正寺で誕生しており、存覚の家族が、引き続き興正寺内に居住していたことがわかる。興正寺の寺号は、最初、覚如のつけたものである。

三五歳の正中元年（一三二四）八月、彼岸の中日に際し、存覚は、仏光寺彼岸会の供養をつとめた。三八歳の嘉暦二年（一三二七）秋、了源の援助により、存覚一家の住坊を建てた。元徳二年（一三三〇）にも、仏光寺において、存覚が二月の彼岸供養の導師を、「聖道出仕の儀式」でつとめた。なお、仏光寺の寺号は、一両年以前から、覚如の命名した興正寺を、存覚が改めたものであった。建武元年（一三三四）、仏光寺本尊の開眼供養が、夜、内密に行なわれたが、このころ存覚の第四男光威丸が、仏光寺内において生誕した。四九歳の暦応元年（一三三八）三月、備後において、法華宗と宗論を行ない、この年九月、一時的に義絶が解除されたことはさきにふれた。そののち戦火に炎上した本願寺の再建後、覚如・存覚父子は、一時大谷に同居することになったが、康永元年（一三四二）、再度義絶された。

光威丸、出家す

康永二年（一三四三）には、存覚の子光威丸は、東寺系の小野随心院門跡経厳を戒師として出家し、さらに東大寺で受戒し、度縁をえた。貞和四年（一三四八）、存覚五九歳の時、信貴山寺の学頭宝塔院叡憲律師のために、『信貴山鎮守講式』を執筆して与えており、聖道門諸宗との交渉は、存覚の終生、変らなかった。

存覚に真宗系の受法なし

ところが、存覚の浄土教系の修学としては、一八歳の時、浄土宗西山派の系統で、樋口安養寺の阿日房彰空よりの受教がみられる程度である。真宗系の受法は、全く跡づけえない。したがって『親鸞聖人門弟交名牒』等にも、かれの名を見出すことができない。かれにとって、祖父の覚恵や父の覚如が、『交名牒』によれば、如信の門下として、位置づけられているのに比べ、終生、聖道門諸宗や、浄土教系では、せいぜい西山派の思想の影響が大きかったであろうことが、推測される程度である。もっとも、覚如も、天台等聖道門の修学もあったが、一八歳にして如信、一九歳にして唯円に受教したころから、真宗教義に沈潜したらしく、存覚の行実との間に大きなひらきがあった。

存覚、慈空をして安養寺に学ばせる

存覚は、五八歳の貞和三年(一三四七)、近江錦織寺(滋賀県野洲郡中主町木部)の開基で、瓜生津の愚咄の弟の慈空が、真宗の教義を学びたいという懇志があったので、西山派の樋口安養寺において受教するよう指示した。存覚はかつて「言二真宗一者、即浄土宗也」(『六要鈔』)といったが、かれにおいては、覚如があれほど強調した親鸞教義の特殊性は、浄土宗全体の思想動向のなかに、解消されてしまった感さえある。

存覚の思想

このことは、存覚の行実のみでなく、かれの思想の直接的表明である著作をとおしても、うかがえる。この点に関する詳細な検討の余裕はここにはないが、二三の点について、言及しておくことにしたい。

ところで親鸞の念仏思想において、最も特徴的なメルクマールは、非行非善的理解にあったと思う。これに対し、法然に代表される浄土宗の立場は、称名念仏の滅罪生善的善根としての殊勝さへの信から、これを行的に励むべきことを提唱した。存覚によれば、「親鸞聖人の一義は……ひとへにもろもろの難行をなげすてゝ、もはら一向専修の一行をつとむる」ことにあったのであり、「たゞおほくもすくなくも、ちからのたへんにしたがひて行ずべし。かならずしも、かずをさだむべきにあらず」としており（『浄土真要鈔』）、また「名号を往生の正因なりとふかく信じて、一向に称するよりほかは、またしるべきところもなし」として、称名念仏を行的に励むべきことを提唱する。さらに「一向に名号を称するひとは、二尊の

行的念仏をとく

御こゝろにかなひ、諸仏の本意に順ずるがゆへに、往生決定なり」（『持名鈔』）といい、称名を往生決定の業と考えていたことがわかる。当時浄土宗や真宗系思想家内において、安心と起行、すなわち信心か行的な称名念仏かの問題が論じられており、親鸞―覚如が、信心中心の立場に立ったことはいうまでもない。ところが、法然

起行をとく

以下浄土宗正統派の間にあっては、行的念仏を提唱し、いわゆる起行の立場にあ

ったが、存覚も、善導や法然の立場により、起行と心得るべきことをとき、曇鸞流の安心の考え方を否認している(『六要鈔』)。

滅罪的念仏をとく

称名念仏を善根と考えるか否かについても、「名号滅罪のつゞみをきけば、罪毒すなはちのぞこるなり」(『顕名鈔』)とか、「弥陀の名号は、一声くちにとなふれば、八十億劫の生死の重罪を滅して、一念の心に无上大利の功徳をうるなり」(『法華問答』)としており、法然らのとくところと全く同一である。親鸞流の非行非善的念仏をとく、『歎異抄』にいわゆる悪人正因説とは、明らかに対蹠的である(拙著『日本浄土教成立過程の研究』)。

名体不二の道理

存覚の念仏思想は、以上みてきたように、基本的には、浄土宗の範囲内のものと考えられるのである。かれが「名体不二道理」をとき、名号を称すれば、仏体を具すというなどは、親鸞や覚如には全くみられない考えである。しかし、西山派では「名体不二ノ仏身ナレバ、応声即現ズ……此声ハ即仏体也」(『竹林鈔』)といい、鎮西派でも「名体不二」(『徹選択本願念仏集』)をといており、存覚が浄土宗系思想に多く依拠していたことは、事実であったと思う。

『浄土見聞集』

ところで、存覚の著作に『浄土見聞集』がある。主として、『教行信証』を引用して、親鸞流の非行非善的念仏をといている。一読して、存覚の他のすべての著作が、浄土宗系の思想を提唱しているのと比べ、甚だしく趣を異にする。このような著作を、存覚が残していることについては、むしろ奇異の感をいだかざるをえない。しかし、存覚はこの書の奥に、「教行証等の文類を見聞するゆへに、浄土見聞集と題す。さらにわたくしなしといへども、これ自見のためにして弘通のためにあらず。……願主の所望によりて、わたくしの見聞をしるすなり。ゆめ〳〵外見あるべからず」といっており、願主の所望によって、『教行信証』等の親鸞の著作を見聞したところを記したものにすぎない。しかも弘通のためのものではなかった。いわば単なる見聞として、親鸞流思想を紹介したものにすぎないのであり、このような思想は、布教の対象とすべきものでなかった。したがって存覚の他の著作には、全くみられない外見を禁ずる旨の但し書が、つけられていた所以(ゆえん)である。

蓮如のころの存覚批判

存覚の思想が、親鸞流の思想といささか趣を異にしていたことは、すでに蓮如のころから、気付かれていたらしい。『蓮如上人御一代聞書』には、

前々住上人、南殿にて、存覚御作分の聖教ちと不審なる所の候を、いかがとて、兼縁、前々住上人へ御目にかけられ候へば、仰られ候。名人のせられ候物をば、そのまゝにて置ことなり。これが名誉なりと仰られ候也。

とみえる。存覚の著作に不審な点があるといって蓮如に質(ただ)したところ、蓮如は名人の書いたものとして、かれこれあげつらうべきではないと答えたという。

以上みてきたように、存覚義絶の原因については、やはり『反故裏書(ほごうらがき)』以来の法義上の理由という説をとるべきであろう。もちろん『浄土見聞集』にみたように、存覚は親鸞教義を理解しえなかったのではないが、みずから依拠した思想的

浄土宗的立場をとく

立場は、浄土宗の範囲内のものであった。したがって、覚如が暦応二年、従覚に与えた留守職譲状に、「附二仏法一之外道」といった存覚批判は、親鸞主義に徹しようとした覚如にとっては、むしろ当然の言辞といわざるをえない。

一二　覚如と真宗系他派教団

真宗史上の二大悲劇

親鸞による善鸞の義絶と、覚如による存覚の排除は、初期真宗史上の二大悲劇である。ともに、それぞれの長子であったという点も、同様である。思想上の理由、すなわち、異義を唱道したという点が、義絶の因由とされたことも、通ずるところであった。もちろん、存覚のごときは、学識も深く、親鸞教義の正当な理解が決して不可能でなかったことは、さきにも検討した『浄土見聞集』の著があることによっても、明らかである。しかし、この著にみえる親鸞の思想的立場は、存覚にとっては、単なる見聞にすぎないのであり、かれが主として依拠したのは、西山派あたりの影響による浄土宗的立場であった。

したがって、親鸞至上主義の理念に立って、本願寺教団の思想的並びに世俗的発展を冀求した覚如にとっては、存覚の言動そのものは、みずからの非業に憂悶しながらも、到底これを容認することはできなかった。しかも、覚如による存覚の義絶は、単に思想上の理由のみによるのではない。存覚と結託し、存覚に指導されながら、急激に、本願寺をふくめて、真宗系他派教団を圧倒しつつ、次第に独走態勢を樹立しつつあった仏光寺への批判も、覚如による存覚義絶の、いわば派生的因由となっていたらしい。

仏光寺の開創

仏光寺の開基は、空性房了源である。かれによる開寺の経緯を伝える、最も確実な史料は、『存覚一期記』である。これによれば、了源は、元応二年(一三二〇)、初めて大谷本願寺に帰参した。俗名を弥三郎といい、南方六波羅探題北条越後守維貞の家人、比留左衛門太郎維広所属の中間(下級武士)であった。初参の時、いうところによれば、阿佐布(東京都港区麻布)の了海(願明)の系統に属する鎌倉甘縄郷の了円(明光)の門人である。しかし、門徒の名は列ねているが、法門以下、少しも存知していない。

偶然在洛することになったので、参詣した。御教化に預りたいとのことであった。そのころ、覚如は留守職を存覚に譲り、本願寺を退出し、一条大宮の窪寺の辺りに居住していたので、そこを訪れ対面した。しかし、了源の指導や世話は、存覚が当るようにとのことであった。そののち、了源はしばしば存覚を訪れ、存覚はその希望により、数十帖の聖教を、あるいは新草し、あるいは書写して、了源に与えたという。

覚如、了源の指導を存覚に命ずる

創建に関する諸説

以上は、『一期記』にみえる仏光寺の創建に関する記事であるが、草創をはるかに遡らせ、建暦二年(一二一二)、親鸞が山科に創建したとする説(『真宗故実伝来鈔追加』所見)や、同じく建暦二年、親鸞の門弟が、西洞院華園に創立した小宇を、のちに了源が、山科に再興したとする説(『大谷本願寺通紀』第六)等がある。しかし、元応二年八月日の日付をもつ了源の『勧進帳』によれば、創建が元応二年以降であったことが、確認される。これによれば、山科のほとりに、一字の小堂を建立して、阿弥陀如来の有縁の古像、ならびに新刻の聖徳太子の尊像を安置し、念仏三昧勤行(さんまいごんぎょう)の浄場たらしめんとして、十方檀那の助成をえようとしていた。了源以前の草創をとく諸説は、仏光寺創建を直接親鸞に結びつけるか、または、親鸞在世のころにまで、遡らせようと作為されたものである。確実な史料としての『勧進帳』により、元応二年以降の草創と断定すべきであろう。

了源は、直接的には明光を師としたが、かれに至る法系は、親鸞―真仏―源海(荒木)(光信)―了海(阿佐布)(願明)―誓海(甘縄)(願念)―明光(了円)―了源(空性)と、次第相承したといわれる(山田文昭『真宗史稿』)。『仏光寺系図』またこれと一致し、七世了源ののちは、了源の長子の八世源鸞とする。

元応二年、了源は大谷本願寺に初参した年、早くも山科における一寺建立の計画にとりかかったのであり、覚如がこれに興正寺(こうしょうじ)の名を与えたことも、さきにのべた。存覚が了源と親交をもったのは、覚如の命によったのであるが、了源の指導をめぐって、覚如・存覚父子の思想上の、ならびに教団運営上の対立が露呈し、ついに覚如が存覚を義絶するに至る、直接的契機となったものの如くである。

存覚と仏光寺

覚如により、大谷本願寺を追放された存覚は、勢い仏光寺に常住し、諸種の法会の導師をつとめ、あるいは了源のために諸種の法文を執筆し、仏光寺運営の上に、開創者了源を助けて、大きな役割を果した。経済的にも仏光寺に依存し、住坊を建設してもらったりした(『一期記』)。了源自身は、建武二年(一三三五)、四二歳をもって、伊賀に布教中暗殺された(『仏光寺記録』)が、その三年後に、存覚の義絶が、一時的に解除された。存覚が法華宗徒との宗論に勝ったこと、大谷本願寺再建をひかえて、門徒の広汎な助援を必要としていたことなどとともに、あるいは仏光寺の中心人物了源が、すでに死去していたことが、覚如をして存覚の義絶を、表面的にせよ、解除にふみきらせるに至ったのではなかろうか。

了源、暗殺される

覚如の仏光寺批判

ところで、覚如による仏光寺批判は、延元二年(一三三七)のかれの著『改邪鈔』に、明示されている。仏光寺が盛んに依用した、名帳・絵系図についてである。後年、蓮如出現の頃に至るまで、仏光寺が了源にはじまる、このような新しい布教手段で、繁栄を誇っていたことは、『本福寺跡書』に、「ソノ比、大谷殿様ハ至テ参詣ノ諸人カツテオハセズ。シカルニ、シル谷仏光寺、名帳・絵系図ノ比ニテ、人民雲霞ノ如クコレニ挙。耳目ヲ驚ス」とみえることによってもうかがえる。

仏光寺の繁栄

名帳批判

覚如は、『改邪鈔』において、名帳・絵系図の邪義性を痛烈に批難している。まず、名帳について、

一、今案の自義をもて、名帳と称して、祖師の一流をみだる事

(前略)曽祖師源空・祖師親鸞両師御相伝の当教において、名帳と号して、その人数をしるすをもて、往生浄土の指南とし、仏法伝持の支証とすといふことは、これおそらくは、祖師一流の魔障たるをや。……名帳勘録の時分にあたりて、往生浄土の正業治定するなんどばし、きゝあやまれるにや。たゞ別の要あり

て人数をしるさば、そのかぎりあり。しからずして、念仏修行する行者の名字をしるさんからに、このとき往生浄土のくらゐ、あに治定すべけんや。……展転の説なれば、もしひとのきゝあやまれるをや。ほゞ信用するにたらずといへども、こと実ならば、附仏法の外道歟。祖師の御悪名といひつべし。

という。すなわち、連名帳に列名した時、往生決定するとしていたのを、批判したのである。事実、近江の深光寺（滋賀県坂田郡近江町世継）等に伝わる『一向専修念佛名帳序』には、「コノ名帳ニツラナルヲ以テ、一念発起ノハジメトシ、コノ相承ニクハヽルヲモテ、一仏浄土ノ縁トセン」とのべており、名帳登録の時をもって、往生治定の時期とされたことは、事実であった。しかも、覚如は文中、「附仏法の外道」と名帳を批難した。この評語は、覚如の従覚への留守職譲状のなかで、存覚に対しても使用しており、存覚が了源に全面的に同調した以上、両者が同一の評語で批判されたのも、止むをえないところであったろう。

絵系図については、同じく『改邪鈔』に、

> 一、絵系図と号して、自義をたつる条、謂なき事
>
> (前略)仏法示誨の恩徳を恋慕し、仰崇せしめんがために、三国伝来の祖師先徳の尊像を図絵し安置すること、これまたつねのことなり。そのほかは、祖師聖人の御遺訓として、たとひ念仏修行の号ありといふとも、道俗男女の形体を面々各々図絵して所持せよといふ御おきて、いまだきかざるところなり。しかるに、いま祖師先徳のおしへにあらざる自義をもて、諸人の形体を安置の条、これ渇仰のため歟。これ恋慕のためか。不審なきにあらざるものなり。

とみえる。機能的には、名帳を図像化したものといえよう。名帳と絵系図の前後関係については、了源の『絵系図』に、先年、名字を記して、系図を定めたが、重ねていま、この画図をあらわすところである。これは、次第相承の儀を正しくし、かつ、同一念仏者の好を思うために、生前の時から、面像を写し、末の世ま

で、形見をのこそうとするものである、ということによって明らかである。なお、了源のこの文によれば、惣の許可なく、絵系図以外に、師匠の影像を画くことを禁じており、惣といわれる門徒組織を基盤に、教団勢力を伸張させていたことがわかる。ここに惣というのは、南北朝期から、盛んに展開した村落結合としての惣をさすものではないのであり、日常の集落生活と門徒結合組織の不一致は、仏光寺教団のより以上の発展を妨げていたことは、否定できない（福尾猛市郎「備後南部における初期明光派真宗教団に関する新知見」小倉豊文編『地域社会と宗教の史的研究』所収）。

光明本尊について

なお絵系図と近似し、仏光寺系で盛んに用いられたものに、光明本尊がある。光明本尊そのものは、早くから真仏の系統で用いられたものである（恵空『叢林集』七）。したがって、仏光寺系に限ったものではないが、存覚は了源の依頼により、光明本尊の解説のために、『弁述名体鈔（べんじゅつみょうたいしょう）』を執筆した（存覚編『古本浄典目録』）。これによれば、中央に「南無不可思議光如来」の九字名号、下方に「帰命尽十方無碍光（むげこう）如来」の十字名号、ならびに、「南無阿弥陀仏」の六字名号を配し、弥陀・釈迦両立像、ならびに大勢至を画き、中央の九字名号の左右に、浄土高祖として、印度・中国系の龍樹・天親・曇鸞・菩提流支・善導・道綽・少康・懐感・法照、ならびに日本系の聖徳太子・源信・源空・聖覚・信空・親鸞を画きわけている。親鸞在世当時から、例えば鏡御影や安城御影によってもうかがえるように、浄土高祖や親鸞自身の画像に、銘文を附して掲げることは行なわれていたらしいが、光明本尊のごとく、名号本尊的なものに、加えて先輩浄土教家を一幅中に書画したものは、恐らく、高田系教団の間で考案され、流布していたものらしい。

覚如の名号本尊

覚如は、光明本尊についての直接的な批判は行なっていないが、「帰命尽十方無碍光如来」を、「真宗の御本尊」としており、さらに三国伝来の祖師先徳の尊像を、図絵し安置することは、世間一般のことであるとして、これをみとめた(『改邪鈔』)。事実、本願寺には、紙本墨書で、中央に、蓮台の上に十字名号をかき、上下に賛銘として、『大無量寿経』の第十八願の文等や、『浄土論』の文句を、覚如の筆で書いた名号本尊を伝えており、覚如時代の大谷本願寺に、かけられたものらしい。なお覚如は、さきにふれたように、善導・法然・親鸞の三祖立像一幅と、親鸞・如信・覚如の三師連坐像一幅とに札銘を書いており、三師が向い合い画かれているのは、法門の相承（そうしょう）を示すものである。親鸞在世のころには、これら連坐像形式のものも、なかったと思われるのであり、覚如の創案に基づくものと思う。

光明本尊と連坐像

覚如の連坐像は、光明本尊の改変と思われるのであり、ことに光明本尊には、

覚如筆十字名号
（西本願寺蔵）

法然がいわゆる五祖のうちに数えた懐感・少康らの、浄土宗的先師を含んでおり、親鸞至上主義に徹していた覚如は、これらの要素を排除しつつ、師資相承を自己流に単純化した連坐像を採用したものと思う。

本尊・聖教のとりかえしについて

ところで、覚如による仏光寺批判は、名帳・絵系図のほかに、師に従わない弟子から、本尊・聖教をとりかえすことをもあげている（『改邪鈔』）が、了源の『絵系図』には、このことを指示している。

彼岸会での念仏修行について

また、存覚が仏光寺において、春秋二季の彼岸に際して、念仏会の導師をつとめたことは、『一期記』にみえるが、覚如は、二季の彼岸を、念仏修行の時節と定め、行的念仏を、つとめることを否定している（同上）。

本所化について

さらに、覚如は「至極末弟の建立の草堂を称して本所とし、諸国こぞりて崇敬の聖人の御本廟本願寺をば、参詣すべからずと諸人に障碍せしむる」ことを排撃したが（同上）、これも仏光寺が、本願寺を凌駕し、本所化しつつあったことに対する、批難の言辞と解すべきであろう。

空如上洛のさいの連署状

康永三年（一三四三）、すでに了源死後九年を経過していたが、この年、奥州大網（福島県東白川郡古殿町竹貫か）の如信の後継者空如の上洛に際し、同時に参詣の直弟衆が連署を加えて、覚如の指示に従うことを誓ったところによると（『実悟記拾遺』）、

一、於祖師御一流、名帳云事、無之事。
一、同御在世之時、絵系図云事、無之事。
一、遠国御直弟、京都之外、御本寺無之事。
一、祖師御名字之字、不可付之事。
一、何阿弥陀仏不可付之事。
一、裳無衣黒袈裟、不可用之事。
此六箇条、堅可被相守。故小比叡空性房、私構自義、彼方不可有経廻之由也。（文字失念、取意、所抄出也）
康永三年十一月七日　　　　釈覚如御判

釈空如御判

祖師の名字をつけるべからず

時宗よりの影響

以上、六ヵ条を守り、仏光寺へ近づくべからざることをのべている。名帳・絵系図、さらに本寺化の意図が、仏光寺にあったことを批判している。さらに第四条の、祖師の名字をつけるべきでないというのは、当時仏光寺は了源の子、源鸞が継承しているので、直接的にかれを批判したものと思う。第五・第六条は、浄土宗西山派より独立した、一遍の時宗の風儀となっていたのを、批判したものである。存覚も西山派よりの影響が強く、仏光寺の名帳にしても、時宗の念仏賦算の影響をうけたものとする説（赤松俊秀『鎌倉仏教の研究』）もあり、仏光寺門下においても、時宗の風儀が混入していたのを、批判したのかも知れない。とにかく、覚如在世当時、真宗系他派教団で、最も繁栄していたのは仏光寺系である。本願寺中心主義を、生涯をかけて貫ぬこうとした覚如にとって、仏光寺と真俗両面にわたり、密接な関係を維持し続けた存覚が、覚如よりの批判義絶の対象とされたことは、やむをえない運命であったろう。

錦織寺の開創

仏光寺について、存覚と関係深かった他派に、近江の錦織寺(きんしょくじ)（滋賀県野洲郡中主町木部）がある。『存覚一期記』に、慈空を「木部開山大徳」といっており、慈空が開基であることは間違いない。その兄とされる（日下無倫『真宗史の研究』等）愚咄(ぐとつ)は、瓜生津(うりうず)（滋賀県八日市市）に居住しており、存覚の妻奈有(なう)の縁者であったので、覚如や存覚およびその家族が、しばしばここを訪れたことは、『一期記』に頻見するところである。

愚咄・慈空兄弟のうち、愚咄は忠実な覚如の門下であったらしく、暦応元年（一三三八）九月、存覚の初度の義絶が解除されたのは、愚咄の斡旋(あっせん)によった（『一期記』）。

慈空、存覚へ接近す

しかし、錦織寺の創建者慈空は、最初から存覚に接近したらしい。貞和三年（一三四七）、慈空は、はじめて真宗の学問をしたいと存覚に申し出たので、存覚は、かれを浄土宗西山派の安養寺に誘引した（同上）。もって存覚とともに、慈空の思想傾向をも察しえよう。

錦織寺創建の寺伝

こんにち木辺派錦織寺の寺伝によれば、文徳天皇の天安年間（元年は八五七）、慈覚大師円仁の草創にかかり、天安堂と称する叡山の別院であったという。寺伝はともかく、現に藤原前期のいわゆる弘仁時代の様式をもつ毘沙門天の立像が、当寺の伝来物として遺されているので、この毘沙門天を安置した毘沙門堂が、錦織寺の前身と思われる（日下無倫『真宗史の研究』）。この一小堂を寺院化したのは、慈空らしい。愚咄に関しては、性信を始祖とする横曽根門徒に属し、性信―願性―善明―愚咄と、血脈相承したことを知りうるにすぎない（『存覚上人袖日記』）。なお、大和秋野河（奈良県吉野郡下市町滝上寺）の聖空が、愚咄の門下であったことも、『袖日記』にみえる。

慈空は最初から存覚と親交があり、思想的にも、存覚の影響をうけて浄土宗的であったためか、貞和五年（一三四九）、覚如の妻善照房の死去に際し、大谷に参上し、その菩提を弔わんとしたが、覚如から拒絶された。観応二年（一三五一）正月十九日、覚如は帰寂したが、ついで同年七月七日、「錦織寺主席慈空大徳」は死去した。

綱厳の錦織寺入寺

こののち、八月二十日には、愚咄は存覚に対し、慈空の素意により、また存覚自身の生活の安定のために、錦織寺を管領するよう依頼した。しかし、余命いくばくもないことであるからといって辞退し、末子の綱厳(こうげん)(光威丸、慈観)を推したので、愚咄も喜び、綱厳が錦織寺に入り、慈空のあとを継承することになった(『一期記』)。

『反故裏書』によれば、慈空ははじめ、浄土宗の寺として錦織寺を草創したが、のち存覚の指導をうけるに至ったという。慈空が存覚と交渉をもつ以前から、浄土宗の人であったという説はとにかく、慈観の入寺により、ますます存覚の影響が及んだであろうことは、容易に想像される。

慈観に、『浄土宗一流血脈系譜』なるものがある。親鸞―性信―善性―願明―愚咄―慈空―慈観の横曽根系の法脈と、親鸞―如信―覚如―存覚―慈観の本願寺系の血脈を合せ伝えることをのべているが、思想的には、存覚の影響が最も大きかったものと思う。門徒が違背した場合、本尊を奪い返すことが邪道であることは、覚如が『改邪鈔』において説くところであるが、錦織寺から出された本尊には、裏書にこの旨をことわることが、慣例であったらしい。『存覚上人袖日記』所載の例をあげれば、覚如死後一二年の貞治二年（一三六三）三月十五日付の佐々木妙円本尊裏書には、違背の場合には、本所に返し入るべきものといい、さらに六年後の応安二年（一三六九）の兵衛本尊裏書にも、同じく門徒違背の場合には、本寺に返し入るべきものであると記している。本尊奪還の慣例があったことを知るとともに、覚如が『改邪鈔』において、同様に排撃した「本所」「本寺」の主張が、錦織寺系においてもみられたことをあとづけうる。しかも、このころは、存覚の存命中であり、慈観の時のこのような主張は、すでに存覚―慈空の段階でも、胚胎していたらしい。覚如はこのような錦織寺の動向に対し、批判的であり、したがって、慈空をことさらに近づけなかったのであろう。

本尊を奪いかえす

本所・本寺の主張

大町門徒との交渉

つぎに、越前大町（福井市大町）門徒の中心人物如道は、覚如が応長元年（一三一一）存覚を

如道、秘事法門をとくとの説

伴い、越前に赴いた際、存覚から主として『教行信証』を伝授されたことは『一期記』に記すところである。覚如らが帰洛ののち、如道は秘事法門という新義を立てたので、他の門徒から批判された。今後は出言しない旨の起請文を書かせ、一度は改悔したが、なお止まず、結局覚如から門下を追放された。しかしながら、なお邪義をつのることを止めず、横越(福井県鯖江市)の道性、鯖屋(福井県鯖江市)の如覚、中野坊主等がこれを伝え、のちに至り、彼等は「三門徒おがまずの衆」とよばれたといわれる(『反故裏書』)。

覚如のころの越前真宗教団の中心人物如道が、秘事法門を説いたということは、一般的に信じられている。『大谷本願寺通紀』第六にも、如道は善鸞の法門を相承したのであり、如覚・道性とともに、これを弘めた。親鸞位唯授一人口決に入ると称し、自ら秘事法門と呼んだという。日下無倫氏によれば、覚如が『改邪鈔』に排撃した夜中法門というのは、この教団の主張をさしたものといわれる(『真宗史の研究』)。

当該部分を示せば、

風聞の邪義のごとくんば、廃立の一途をすてゝ此土佗土をわけず。浄穢を分別せず。此土をもて浄土と称し、凡形の知識をもてかたじけなく三十二相の仏体とさだむらんこと、浄土の一門においては、かゝる所談あるべしともおぼへず。下根愚鈍の短慮、おほよそ迷惑するところなり。己心の弥陀、唯心の浄土と談ずる聖道の宗義に、差別せるところいづくぞや。もとも荒凉といひつべし。ほのかにきく、かくのごとくの所談の言語をまじふるを、夜中の法門と号すと云々。

夜中の法門

善鸞と秘事法門

という。娑婆即寂光土的な、真言的な、即身成仏を説いたものと思われる。しかし、ここに秘事法門の語はみえない。越前において、もしくは、如道がこれを唱えたことについては、何んら記されるところがない。ところで、善鸞が秘事法門的な異義を唱導し、親鸞から義絶されたことについては、親鸞の消息に多くみえる。『血脈文集』にも、「よるひるも慈信(善鸞)一人に、ひとにかくして法門をしへたることも候はず」と親鸞はのべている。しかも、この『文集』によれば、常陸(茨城県)・下野(栃木県)の念仏者の間に、善鸞の異義への同調者が多い旨、みえる。

如道が善鸞の異義を唱道し、自ら秘事法門と称したという、前掲『大谷本願寺通紀』の説もあるが、私見によれば、覚如が指摘した夜中の法門は、当時関東門徒間に流布(るふ)していた。後年、越前に秘事法門が広まっていたことは、蓮如の『御文章』にも、指摘するところである。しかし、如道のころ、これが越前に行なわれていたという従来の説は、『改邪鈔』の前掲記述を典拠としている以上、単なる臆測の域を出でないものというべきである。日下無倫氏も、一応、如道が秘事法門を唱えたとされながら、しかし、如道の時は、ごく内々に秘事法門を鼓吹(こすい)したのであり、秘事法門が、北陸で盛んになるのは、如道の孫、浄一の時代で、『反古裏書』に中野坊主というのは、浄一のことである。かれが鯖屋(さばや)の如覚、横越(よこごし)の

浄一、秘事法門をとく

道性と、三方対立し、「三門徒拝まずの衆」と呼ばれるに至った頃から、秘事法門は、越前に盛行するに至ったのであろうとされた(『真宗史の研究』)。

大町如道の法系については、三河願照寺の七人連坐像(村上専精『真宗全史』所収)には、善導—源空—親鸞—真仏—専海—円善—如道としている。中野本山専照寺(福井県福井市)所蔵の八祖像は、如道の下に道性をあげ、さらに同寺の九祖像には、道性ののち如覚を加えている。専海は遠江鶴見(静岡県浜松市)住、円善は三河和田(愛知県岡崎市)住である。『中野物語』にも、如道は高田系で、永仁年中(元年は一二九三)、大町専修寺を開創したが、覚如の越前布教以来、かれに帰依(きえ)したという。道性は横越の証誠寺の開基であるが、かれの絵像には、「越前国大町門徒、近江国内音羽庄、釈道性大徳絵像」と記されている(『存覚上人袖日記』)。かれが如道の門下であったこと、ならびに、はじめ近江に居住していたことがわかる。なお、如覚は鯖江の誠照寺の開基である。

ところで、古来如道の著と伝えられるものに、『信問真答鈔』『本願成就聞書』

『他力信心聞書』『本願帰命十箇条』『心血脈鈔』『随聞書(ずいもんしょ)』『愚暗記返札』等がある(藤季涳『愚暗記返札の研究』)。最後の二書を除き、秘事法門、いわゆる一益法門的なものであり、果して如道の著か否か疑わしい。『愚暗記返札』のみは、如道唯一の真撰と決定して、誤りないものといわれる(同上)。この書は、孤山隠士なる者が、当時越前の真宗教団の行儀を批判した『愚暗記』を著わしたのに対し、如道がこれに答えたものである。

如道、『愚暗記返札』を書く

『愚暗記』の批判

『愚暗記』に批判したところをあげれば、時宗流の踊躍(ゆうやく)念仏を行なっており、また念仏行者に臨終に端坐合掌を行なわせたり、日々の所作として早念珠を行なわせ、神社に参詣したり、飲酒を認めたりしたこと等である。なお男女が仏の周囲を廻りながら、同音に念仏を唱えたり、従来の六時礼讃を用いず、親鸞の和讃を同音に詠誦することにも、言及している。

如道の反駁

これに対し、如道の答えた『愚暗記返札』には、「凡夫(ぼんぶ)ノ肉身等同キ也。大日(だいにち)

ノ身体也。何ゾ普賢・大日ニ等シカラザランヤ」という言があり、僅かに即身成仏的な真言的な思想がうかがわれる。しかし、全体としては、「俗家ハ俗家乍ラ唱テ往生可ㇾ遂。女人ハ女人乍ラ、唱ヘバ可ㇾ有ニ来迎一。強ニ身ノ浄不浄ヲ不ㇾ選、行住坐臥ノ作業也」というように、行的な念仏を提唱している。全体的にみて、秘事法門的なものとはいえない。むしろ思想的には、浄土宗西山義の色彩が濃厚である（藤季涳、前掲書）。『一期記』によれば、如道は存覚の指導をうけたのであり、存覚の主として依拠した西山義の影響が、存覚をとおして、如道に及んだものと考えるべきであろう。『慕帰絵詞』によれば、覚如の忠実なる門弟であった「聞法血脈の名字を釣輩」に対し、思想的に違背した「自余修学の門徒」のなかに、如道は仏光寺の了源らとともにあげられている。具体的には、存覚流の浄土宗系思想の包懐者として、覚如により如道が批判されていたことを物語るものであろう。

越前（福井県）に行なわれていた踊躍念仏は、下野（栃木県）の高田系教団においても、流布していたらしい（日下無倫『真宗史の研究』）。もちろんともに、時宗の踊念仏の影響をうけたものと思う。如道は元来、法脈において高田系であったので、そのような現象があっても不思議ではない。智識すなわち僧を如来と観じ、娑婆即寂光土という如き即身成仏的な、いわゆる夜中の法門にしても、善鸞にはじまり、一般的には、むしろ高田系において流布されていたものと思う。したがって、覚如が『改邪鈔』において批判した夜中の法門は、高田系を中心とし、主として関東一円に行なわれていたものについて、批判したのであろう。もちろん、高田から東海道を通り、三河（愛知県）を経由して、越前に波及していたであろうことは、みとめなければならない。しかし、越前において、秘事法門が卓越するに至るには、もっと時間的に経過することが必要であった。

如道と高田系

高田門徒の動向

ところで、親鸞が晩年関東から帰洛したのち、関東門徒の中心は、高田門徒である。下野（栃木県）・常陸（茨城県）を中心とし、北は奥州より、西は武蔵（東京都埼玉県）から遠江

（静岡県）・三河（愛知県）に及ぶ。下野高田に建てられた如来堂を中心としており、この堂は、善光寺三尊の分身を安置した一草堂にすぎなかった（日下、前掲書）。親鸞は『血脈文集』所収の消息で、善鸞の異義への同調者が、常陸・下野に多いことをのべているが、この地域は大体高田系の主要な地盤であった。

唯授一人をとく

高田系の『正統伝後集』によれば、派祖真仏は「聖人自作ノ影前ニ於テ、唯授一人ノ口訣ヲ相承シ、親鸞位ニ上ル」とされた。第二祖顕智に引き続き、第三祖専空は、全く同様にして親鸞位に入ったとされる。しかも、前二者と異なり、かれは、「密附相承」とされ、「当家唯授口訣ニツキ、顕附密附ノ二師ヲ立ルコト、是時ヨリ始マル」としており、専空がことに密教的な伝授をうけたことを説く。真仏や顕智は、親鸞の忠実な門弟であった。ことに顕智は、親鸞帰洛後、上洛してかれを訪れており（『三河念仏相承日記』）、終始その思想を一貫させていたと考えられる。したがって、『正統伝後集』の記述にもかかわらず、かれが、唯授一人の口訣をえたということなどは、事実に反すると思う。

専空については、ことに「密附相承」が、かれにはじまるといわれることに注意すべきであろう。私見によれば、夜中の法門、のちに秘事法門といわれるごとき即身成仏的な思想は、中古天台以来の口伝法門の系譜をひく、関東天台の影響をうけたものである。親鸞が、非行非善的な念仏思想を樹立するためには、関東天台の影響をとり入れていることは否定できない。しかし、かれは、あくまで浄土教の立場で、関東天台のもつ密教的要素を否定しつくしていた（拙著『日本浄土教成立過程の研究』）。したがって、親鸞教義の紙一重の誤解が、親鸞によって否定されたはずの聖道門的密教的要素の復活となる危険を包蔵していた。関東天台の本場の常陸や下野において、親鸞は特色ある思想を樹立したが、同一の地域が、親鸞の帰洛後、秘事法門の本場となったのは、這般の事情によるものと思う。

専空、秘事法門をとく

専空が「密附相承」の創始者といわれるのは、彼こそ、善鸞以来、その地域に流布していた秘事法門を、専修寺そのもののなかに、導入するに至った事実に立脚しての上のことであろう。延元元年（一三三六）、兵火に焼かれた大谷御堂の復興に際し、暦応元年（一三三八）十一月、専空の尽力により再建しえたが、三河和田の寂静も、これに協力した（『一期記』）。覚如はこの年、全門徒の助力を得るために、存覚の義絶を一時的に解除しており、専空もこれに応じ、再建への協力者として、最大の寄与をなしたものと思う。覚如が『改邪鈔』を著わしたのは、再建の前年、存覚の義絶中であり、この頃、専空によって結集されつつあった秘事法門について、覚如は仮借（かしゃく）なき批判を加えたものと思う。専空が、ことに密教的な一人伝授の思想を採用し、これを強調するに至ったのは、覚如による親鸞血統の優位の主張による本願寺中心主義に対抗し、真仏・顕智以来の法脈における優勢を以て、高田専修寺の本寺的地位を強調しようとする意図も、幾分か働いていたであろうことも、推測するに難くない。

大谷本願寺に阿弥陀仏像を安置する計画

ところで、専空が、大谷廟堂の再建に果した役割が大きかったため、覚如が再建に際し、廟堂の寺院化をはかり、本堂に阿弥陀像を造立しようとしたのに対し、専空の発言によって、これを阻止してしまったことを伝える文書がある。年未詳十一月二十日付、専修寺第七世順証の書状（『専修寺文書』）である。

定専坊主の時、大谷の坊主、御みゑひ（御影）をかたはらへうつし申候て、本だう（堂）には、阿みだ（弥陀）を立申候べきと候しを、定専さいさん御申候によつて、うちをかれて候に、いま又かやうに御はからひ候間、せん（先）師の御申のごとく歎申候へども、御もちひなく候。いかやうに候べきやらん、だんがう（談合）申たく存候。専空坊主も、大谷のかゝる大事をば御申あはせ候けるとも承候間、その御いしゆ（意趣）をそむき候はじと令ㇾ申候。諸事期二後信一候。恐々謹言。

十一月二十日　　　順証（花押）

惣門徒之御中へ申給へ

親鸞御影を傍らに移し、本堂に阿弥陀仏像を立てようとする計画が、専空の申し出により、実現しなかったが、これは覚如の大谷廟堂の再建の時のことらしいといわれる（『本願寺史』第一巻）。専空の後継者定専の時にも、この問題が起ったが、かれの反対により事止みになった。しかし、専修寺第七世順証の時に至り、問題が再燃したので、順証は従前通り反対したが、大谷側が強行してしまったので、対策を門徒中に諮ったのである。なお順証の専修寺主管は、康暦二年（一三八〇）から明徳元年（一三九〇）に及ぶので、本願寺に阿弥陀如来像が造立されたのは、覚如の後継者善如（光養丸）の晩年から綽如の時代に相当し、覚如の時代には、ついに実現しなかったことがわかる。

しかし、以上の推測は、順証書状の内容を全面的に信用しての上でのことであるのは、申すまでもない。専空は康永二年（一三四三）、覚如七四歳の時、歿しているので（『仏家人名辞書』）、専空の時、そのような問題が起ったとする順証書状の記述が正しいなら、あるいは覚如の時のことかもしれないが、覚如は『改邪鈔』に「おほよす真宗の本尊は尽十方無碍光如来なり」といい、また自ら賛銘を書いた十字名号本尊を安置していた。親鸞も専ら名号本尊を依用していた。親鸞主義に徹しようとした覚如が、名号本尊以外に、阿弥陀如来像を造立する意図をもっていたか否か、極めて疑わしい。また、本願寺中心主義をとり、関東の門徒たちの離反をも敢て辞しない強硬態度に終始した覚如が、高田専修寺に対し、このようなことに対する許可を仰ぐというごとき、卑屈な態度に出たとも思われない。もし、本願寺と専修寺との間に、そのようなことに対する折衝があったとすれば、それは恐らく、覚如の後継者の善如の時以後のことであろう。

一三　存覚の義絶解除

善照房死去す

貞和五年（一三四九）五月二十一日、覚如の妻善照房が死去した。文保二年（一三一八）覚如の四九歳の時以来、三一年間にわたり、覚如と辛酸をともにした妻であった。享年五〇歳であった。暦応二年（一三三九）、かつて覚如が、自らなきあとの留守職後継者を定めた時、第一の候補者として予定したほど、善昭房に対して、信頼と愛情をよせていただけに、今や余命いくばくもない八〇歳の老の身にひきくらべ、彼女の死を、深く悼んだことであろう。翌観応元年（一三五〇）、西山久遠寺の善照房の墓所を訪れ、追懐の情を歌作に托したことは、さきにふれた。

善照房を失い、覚如が悲歎にくれていた最中、存覚の赦免運動を試みたものがあったが、実現しなかった。このころ善照房の菩提を弔わんがため、訪れた門弟たちのうち、錦織寺(きんしょくじ)慈空は、存覚の縁者であるという理由で、覚如への見参も許されず、面目を失い、空しく下向した(『一期記』以下同じ)。

存覚、義絶解除に努める

貞和五年九月七日、存覚は大和より上洛し、六条大宮に居住した。義絶解除を取り計うためであった。存覚は、蔵人右衛門権佐(ごんのすけ)の日野時光を、同月晦日(みそか)に訪れ、和解のことを依頼したが、とても困難であろうとのことであった。同年十月ごろ、存覚は門弟の学円を三河に遣わし、和田門徒に和解の斡旋を依頼したところ、和田門徒はこれを承諾した。十月十一日、日野時光を西大路の邸宅に訪れ、終日、和解の仲介を懇望した。

日野時光、和解運動を承諾す

翌観応元年(一三五〇)五月頃、存覚は教願を使者とし、書状を日野時光に届け、なお和解の斡旋を依頼し、時光の承諾をえた。こののち教願は、六条大宮の存覚の寓居にいて、毎日、西大路の時光邸を訪れ、催促した。五月二日は、時光の亡父資名の十三回忌に当り、同十三日は、祖父俊光の命日である。かたがた他人の憂苦を和げることは、両者のために追善の業ともなる。一方、大谷においても、五月二十一日は、善照房の一回忌に当るので、この時に当り、存覚を赦免したならば、最も慈悲深い取り計らいとなると、覚如に申し入れるのが最もよかろうと、教願が時光に話したので、時光も種々述懐し、協力を約した。存覚自身については、自分は何も反対することはない。生れつきの性格で、とやかくいうべきではないが、他人からの讒言が絶えないために、仕方なく赦免運動を承諾しないで、日月を送ってきたといった。

和田門徒、連署状を届ける

さらに、存覚は昨年十月ごろ、赦免運動についての三河和田門徒の同意をえていたが、和田門徒はそのことを忘れず、使を遣わし、覚如に提出すべき三人の連署状を届けてきた。以上のような、僧俗の運動があった上、性円禅尼が内々和談をすすめたため、ついに機縁純熟、時機到来して、義絶が解除された。八月五日、

覚如、存覚を免許す

覚如は存覚免許の書状を出した。日野時光は、自筆をもって、喜悦極りない旨認(したた)

めて、存覚に届けた。この時光の自筆書状は、六日教願が時光邸において受けとった。教願は即刻、摂津磯島（大阪府枚方市）に下向し、同夜はその地に一泊、翌七日、そこから大和に使者を遣わし、存覚赦免のことを報告した。教願自身は、時光の書状をたずさえ、正午頃、存覚の滞在中の摂津豊島（大阪府豊中市）に到着した。存覚は喜悦このうえもなく、翌八日上洛、妻奈有・子綱厳とともに、六条大宮に到着した。

存覚、妻子とともに覚如に面謁す

九日の早朝、まず西大路の時光を訪ね、和解成就の謝礼をのべ、大谷に同道してもらいたいと頼み、時光の承諾をえた。存覚は、乗ってきた輿を、六条大宮にかえした。奈有はその輿に乗り、先きに大谷に向ったが、綱厳もこれに同道した。本願寺での祝酒の費用として、二〇〇疋を持参した。存覚の義絶解除のことを知った、摂津・大和両国の門弟たちは、おのおの笑顔となり、喜びの余り、大宮に参集してきた。

存覚赦免についての覚如の感情

このようにして、存覚は多年の宿願を達し、一応、青天白日の身となりえた。

覚如、置文をしたためる

しかし、当時覚如は、最愛の妻と死別した心の痛手はいえず、露命すでにいくばくもない老残の身にすぎず、ともすれば、たちがたい親子の業縁に、内心の疼痛を感じていた頃であった。しかも、この期に及んでも、存覚義絶の理由とされたものが、解消されたわけではなかった。したがって、理性においては、存覚を赦免することは、しのびがたいことであったが、感情的には、これ以上、自己の志念をおし通すべく、かなり気弱になっていたことと思う。このことは、義絶解除の約一カ月後に、ひそかに認めておいたらしい、覚如の置文（『本願寺文書』原文漢文）に徴しても、明らかである。

免許の一言を希望す

> 光玄法印（隠遁号は存覚）の事、当時大師聖人の冥慮に任せ、先年永く不孝義絶せしむるの処、当家一門の家督に属し、愚老閉眼の後、全く係望を致す可らず。只免許の一言を示さば、望む所足る応しと云々。茲に因り、重ねて冥慮を伺うの日、勘発を許す可しと云々。仍って去る九日免許、向顔し畢んぬ。申請の

旨に任するの上は、更に寺務職の望を絶つの条、勿論なり。愚老の滅後、存日の言辞に背き、其の望を致さば、此等の状を以て、厥の支証として、公家武家に訴え申し、寺務職を全くす可き者なり。凡そ此の如き世出世の重事、身に於て、唯冥慮を仰ぐの外、更に私無きに就き、重ねて書き置く所、件の如し。

観応元庚寅八月廿八日　　宗昭（花押）

義絶は解除しても、本願寺の寺務職には、絶対につけない方針を、自己の死後においても、なお貫ぬき通そうと、覚如は決意していた。なお、『存覚一期記』によれば、義絶解除を七月の間のこととするが、この置文により、八月とするのが正しい（谷下一夢『存覚一期記の研究』）。

義絶解除後、初めて存覚が大谷本願寺に参上し、覚如に面謁した日の翌日の十日には、樋口大宮の某邸において、法事讃が修せられた。存覚は綱厳を伴い参列したが、覚如も、従覚やその子俊玄（光養丸）をつれ参会した。翌十一日、存覚は大谷に赴き、覚如とともに、樋口大宮の日野信光の邸における、歌会に出席した。従覚・俊玄も来会し、歌を詠んだ。覚如は、明十二日は覚恵の命日に当り、恒例の報恩の行事があるので、参列するよう存覚に命じたので、存覚は当日、大谷に参向した。そののち、九月十四日、存覚が本願寺に覚如を訪れた際、覚如は孫に当り、従覚の子で、俊玄（善如）の弟の光長丸（観応元年正月二十一日死去、享年一三歳）の生前のことなど物語り、詠歌を示したので、存覚もこれに和し、酒杯を傾けてのち帰宅した。この年十一月の恒例の報恩講にも参籠し、二十八日結願後、その夜六条大宮に帰った。

覚如・存覚父子、歌会に出席す

存覚も参会したこの年の報恩講始行の前日、十一月二十一日、覚如は宗康（光養丸、善如）への別当職譲状を、自筆で認めている（原文漢文口絵参照）。

別当職譲状

譲り渡す本願寺別当職の事

右、愚老八旬有余の齢、旦暮に迫る。命終以後は、二千石宗康、俗別当たる可きものなり。仍って附属状、件の如し。

観応元年庚寅十一月廿一日　　宗昭（花押）

留守職より別当職へ

さきにもみたように、暦応二年の置文においても、覚如はすでに別当職の語を用いているが、表面的には、留守職の語を用い、これは別当職のことだと断り書きをしていたのに対し、ここに至っては、廟堂の管理人的な語感をもつ、留守職の語を全面的に排除し、一寺運営の長官としての別当職の称呼に切りかえる意図を、明示している。覚如以前の段階にあっては、せいぜい廟堂の沙汰とか、留守という語を用いたのにひきかえ、覚如の真宗教団の中核としての本願寺の寺院化→本寺化の意図は、主宰者的地位を示す用語においても、留守職より別当職へ、改変させるに至ったものと思う。暦応二年、覚如がかつて留守職に予定していた従覚をさしおき、死の約二ヵ月前の観応元年（一三五〇）十一月二十一日、その子の善如をして自らのあとを、直に継承させるべく、譲状を認めた。善如はすでに一七歳にして成人近く、一面、従覚が存覚の弟であったため、存覚に対する牽制のためにも、対抗意識のもたれる懸念のある従覚をこえて、善如に別当職を譲渡しておこうと考えたのであろう。

一四　終焉

存覚、河内へ下向す

覚如がその始行の前日にあたり、善如への最後の譲状を認めた報恩講の終了した、翌二十九日、存覚は河内（大阪府）に下向することとなった。それは、足利尊氏と同直義との間に衝突がおこり、世上が動乱に陥っていたため、河内大枝（大阪府守口市）の妙覚（大枝光明寺妙光の誤か―『真宗全書本一期記』頭註）らが上洛し、存覚を招引したためである。この旨、存覚が覚如に告げたところ、覚如は、このような騒乱の際には、父子が一所に居住することが、最も本意にかなうことである。しかし、いろいろな事情により、父子が別居し、お互いに助け合えないことは、本意に背くことであるが、やむをえない。この上は、お互いに自重して身命を全くすることが、もっとも大切なことだ。しかし、老齢の今においては、後日の再会を期することも出来ない。今が今生（こんじょう）の別れだろうといい、落涙千行に及んだ。存覚もまた離愛の情に堪えず、雙袖を湿らして、悲しんだ。

存覚は二十九日、河内に下向し、まず妙性の宿所に到着し、暫く逗留ののち、大枝の妙覚の宿所に移った。ここで、存覚は越年したが、当時動乱は都鄙に及び、全く耳目を驚かすばかりであった。しかし、大枝郷近辺の門徒たちは参集してきて、時々の念仏行を励み、連々の法談も廃止することがなかった。

法心、覚如の書状を届ける

明けて観応二年(一三五一)正月八日、覚如の書状を携さえ、法心が大枝に下ってきた。書状の内容は、新年の賀詞をのべ、つぎに、天下の騒動について記し、賀茂川の西および北の方面は、とくに物騒であり、ために、大谷の房舎でも、ことに生活が困窮している旨、記されていた。存覚はその窮状を察知したが、生活を援助するだけの力もなかった。せめて書状を届けようとしたが、途中の道路が塞がっており、京都への往返もかなわなかったので、空しく日数を送っていた。しかし、愁歎の余り、ただ天運に任せ、冥助(めいじょ)を憑(たの)んで、帰洛するよう、法心に勧めた結果、かれは十三日に帰京することになった。

法心帰京す

法心のその時の服装は、帷(かたびら)の下に紙衣(かみこ)を着ていた。この際、存覚は一策をめぐらした。銭貨一〇疋(一〇〇文、だいたい米一斗分)余りを、飯粒をねって作った糊で、存覚自ら法心の紙衣の中に押し付け、覚如に贈り、少々の酒を買い、一旦の心労を慰めるよう申した。また来る二十一日は、光長丸の一回忌に当るので、追善法会の際、一燈を加えてもらうために、光長丸の母に届ける五〇疋を、前と同じ方法で紙衣に押し付けておいた。その他、袈裟絹(けさぎぬ)の料足として、粥(かゆ)の米をごく少量、尼衆へ贈った。しかし、法心が帰洛の途中山崎(京都府乙訓郡大山崎町)において、少量の米は、軍勢のために奪い取られた。また、着ていた帷は剝(は)ぎ取られたが、その下に着ていた紙衣には、手をかけられなかった。全く存覚の思う壺(つぼ)にはまったわけである。法心は無事に京都に帰着したが、街中が物騒であったので、六条大宮でしばらく休養ののち、十七日、存覚よりの銭を大谷に持参した。覚如はこれを受取り、存覚の芳志を感謝し、房舎の人々を召し寄せ、事の次第を話し、少量の酒を飲んだ。しかし、その夜より、病気の状態となった。存覚がのちに聞いたところによると、この時の少量の酒が、覚如の最後の飲食物となったとのことであった。

大谷よりの書状届く

同月十九日の夕刻、大谷よりの使者として、宝寿丸が大枝に到着した。かれが届けた照心房の書状によると、覚如は一昨日より病態となった。一寸した風邪かと思われるが、何分老体のことであるから、念のため、お知らせするとのことであった。存覚はこの書状を受け取り、翌二十日、急ぎ上洛した。当時、将軍足利尊氏方は、陣を山崎にすすめ、直義も八幡(京都府八幡市)に城を構えていた。京都への通路は、きわめて難儀であり、容易に通行出来ないとの噂であった。しかし、存覚は大千の火の中を過ぎる思いをし、身命をかえりみず、進発した。河内を経て、馬を進めた。このころは寒さはげしく、出発の朝は烈風が袖を払い、まともに顔

存覚帰京す

覚如の臨終

覚如，示寂す（『慕帰絵』西本願寺蔵）

を向けられない程であった。存覚の乗馬が渡河の際、尾についた水滴は、たちまち氷結するという状態であった。人馬ともに極度に疲労するので、所々で休息しながら、夕刻にようやく六条大宮に到着した。息つく間もなく、大谷に参上したが、覚如はすでに、去夕入寂（にゅうじゃく）していた。臨終に間に合わなかったことは、存覚としても、遺恨のきわみであると『一期記』に記している。

存覚の弟従覚（慈俊）は、かつて留守職に予定されていた一人で、覚如の側近に常侍していたと思われるのであり、覚如の臨終に関する直接的記述がある（『慕帰絵詞』）。これによれば、存覚の記す

辞世の歌をよむ

ところと同じく、正月十七日の晩より、いささか不例の気味となったが、たいしたこともなかろうと考えられ、世上の騒動もおさまっていなかったので、医師も迎えなかった。十八日の朝より、病状は次第に悪化した。このころから、世事は一切口にせず、苦しい息の下に、念仏ばかり唱えていた。この時、称名のたえまに、傍らの人に二首の歌を示して、書きつけさせた。

　南無阿弥陀仏力ならぬのりぞなき、たもつ心もわれとおこさず
　八十地(やそじ)あまりをくりむかへて此春の、花にさきだつ身ぞあはれなる

他力的な念仏の力に、貫ぬき通された、はかない一生を観じた辞世の追懐に、覚如の躍如(やくじょ)たる面目がうかがわれる。ところで、覚如はこのたびの死期を悟っていたらしく、医療も辞退していたが、翌十九日払暁に、側近の者は、医師を招請した。すでに脈搏(みゃくはく)も悪く、良薬も一向に効験なく、ついに酉刻(とりのこく)（午後六時ごろ）に、頭を北にし、面を西にして、眠るがごとく、滅を唱えた。

葬礼行わる

葬礼は二十三日、知恩院の長老僧衆の沙汰として行なわれ、親鸞の時と同じく、延仁寺において、火葬に付した（『慕帰絵詞』）。『存覚袖日記』に、次のごとくみえる。

老上人御終焉、観応二正月十九日酉之中刻也。

一、□廿一日葬送ノ事、河島ハ程遠ク所務ノ障リアレバ、大祖ノ旧例ニマカセ、延仁寺可ﾚ然問答、当住誓阿懇義ニ取持。廿三日朝出棺。

随従　下間讃岐長芸親子

門侶　有昭　善教　覚浄　教円　乗智　成□　唯縁　道慶

寂定

如道・空性ら参列す

又上洛ハ所謂如導　助信　善範　想賢　順教　順乗　空性

完元　智専

ソノ外ニモアリ。

一、式ハ大祖ノ行装ヲマネヒテ揚輿。先ニ松明一対。火ノ番、赤衣四人也。

爲　終

久遠寺に葬る

(『慕帰絵』西本願寺蔵)

焚香(ふんこう)　従覚　俊玄　予
乗専
随テ上足ヨリ次
第。

一、拾骨、取収メカメニ入ル。勤行礼讃無常偈(げ)□念仏廻向(えこう)。

一、河島ハカノ禅尼ノ由縁アルニヨリ、墳墓ノコトカネテ云伝アリト。□行装次第、別ニ乗専□写(しし)申候事。

葬送には、存覚・従覚・俊玄らの肉親の者はいうまでもなく、親鸞以来の秘書的従者の家柄で、留守職の補佐役をつとめていた下間(しもつま)

覚如の画像

覚如を葬送す

長芸親子、さらに有昭らの在京門弟、上洛してきた越前の如道や仏光寺空性ら、多数の門弟が従った。墓所は、生前の希望により、妻の善照尼と同じく、川島（京都市西京区川島北裏町）の久遠寺内にしつらえられた。

二十四日の骨拾いには、存覚・従覚・俊玄らが、供奉（ぐぶ）した。二十五日は初七日に当ったので、読経を行なった。次いで二月二十二日は五七日に相当したので、存覚が主宰して、法事讃を読誦（どくじゅ）した。四月七日には存覚は、信濃塩崎康楽寺第四世で、『親鸞聖人伝絵』上二巻（東本願寺所蔵）を画いた円寂に命じ、祖父覚恵・

父覚如の影像を図画させ、翌々年文和二年（一三五三）正月十九日、これに賛文を加えた（『一期記』）。覚如影像（西本願寺所蔵、口絵参照）の賛文にいう。

法印和尚位、宗㆓浄刹真門㆒、日課行得㆑証。天性本利根、游宦（官）㆓一乗院㆒。苟為㆓三品孫㆒、自不㆑遺㆓生計㆒、渾是出㆓仏恩㆒。八旬有余歳、残涯帰㆓寂昏㆒。紫雲聳遮㆑眼。青漢晴断㆑魂。冷灰見㆓遺骨㆒、分布如㆓琢琨㆒。目前之奇特、舌端那伝言。

文和二載正月十九日賛

覚如なきあとの本願寺

この文中、存覚は、覚如の徳をたたえるべく、往生の砌の紫雲の聳空や、遺骨の琢琨のごとく化したという、奇特現象の顕現を以てした。従覚また紫雲の望見や、白骨の仏舎利のごとく、五色の玉と化したことをのべた（『慕帰絵詞』）。このような記述は、覚如が『親鸞聖人伝絵』に、親鸞の臨終に関して、奇蹟的な修飾を全く加えていないのと、まさに対蹠的である。一切の奇蹟的なものを排除し、他力念仏に徹しようとした親鸞の精神が、覚如にまで脈打っていた。にもかかわらず、覚如なきあとの本願寺主宰者としての善如に対し、覚如自身の意志の如何にかかわらず、実際に指導者的役割を果した存覚や従覚らが、往生伝的な聖道門的なセンスを残存させていたことは、今後、蓮如の出現に至るまでの、本願寺の思想的暗黒時代を、予告していたもののごとく思う。このように、本願寺歴代の指導者の間に、善根仏教的乃至旧仏教的余習を遺存させていた理由の一半は、このころ農民の自治的村落結合が、余り進展していなかったこととあいまって、旧仏教系寺院勢力は依然として、村落内に温存されており、農民的な親鸞教義を受容すべき社会的基盤が成熟していなかったことの反映とも解しえよう。

革新的宗教思想受容の限界

　このようにして、覚如の死後いくばくならずして、親鸞至上主義の貫徹による親鸞の思想的荘厳化と、本願寺の本寺的性格の強調による世俗的権威化の、覚如の依拠した二本の支柱は、もろくも崩落していった。ところで、覚如・存覚父子対立の真因は、一言にしていえば、宗教思想における、革新性と保守性との主張をめぐってであったと思う。親鸞の思想は、その革新性のゆえに、民衆の間に広汎に受容されるためには、伝統的権威にまで高められるべく、今少しの時間的経過が必要であった。具体的には、蓮如の出現に至るまでの時をかせぐことが、先決的条件であったとさえいえよう。親鸞↓覚如の段階にあっては、かれら自身の主観的意図の如何にかかわらず、民衆の間に社会的にも思想的にも、受容基盤が成熟していなかったことの消息は、芥川龍之介の次の言葉(『侏儒の言葉』)によって的確に表現されている。文中、民衆芸術家の芸術家を宗教家に置換すれば、まさに、親鸞↓覚如の場合に妥当する至言といえよう。

民衆は穏健なる保守主義者である。制度、思想、芸術、宗教、――何ものも民衆に愛される為には、前時代の古色を帯びなければならぬ。所謂民衆芸術家の民衆の為に愛されないのは、必ずしも彼等の罪ばかりではない。

日野氏系図（高田派専修寺蔵）

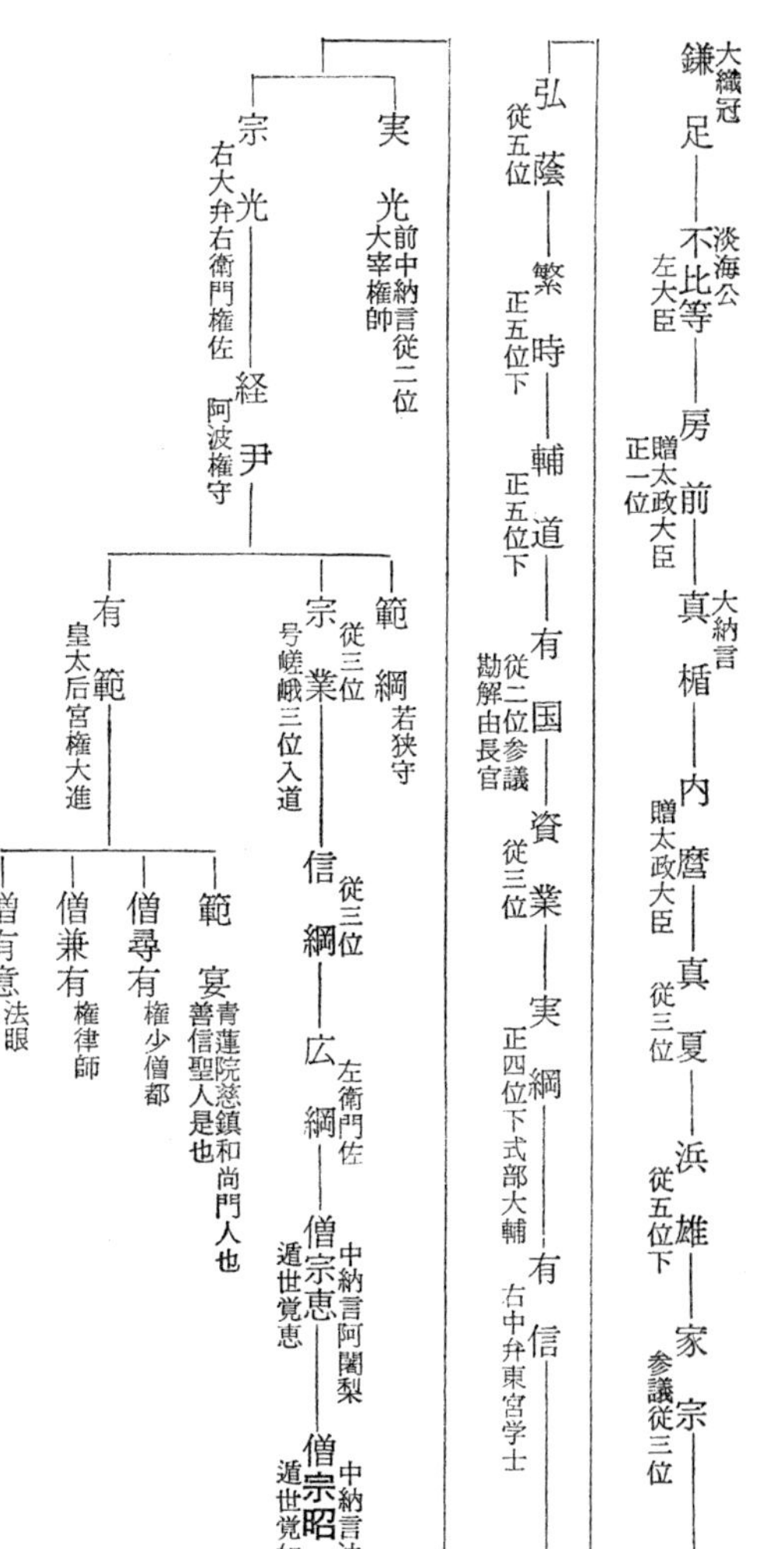

本願寺系図（『大谷家略系譜』等による）

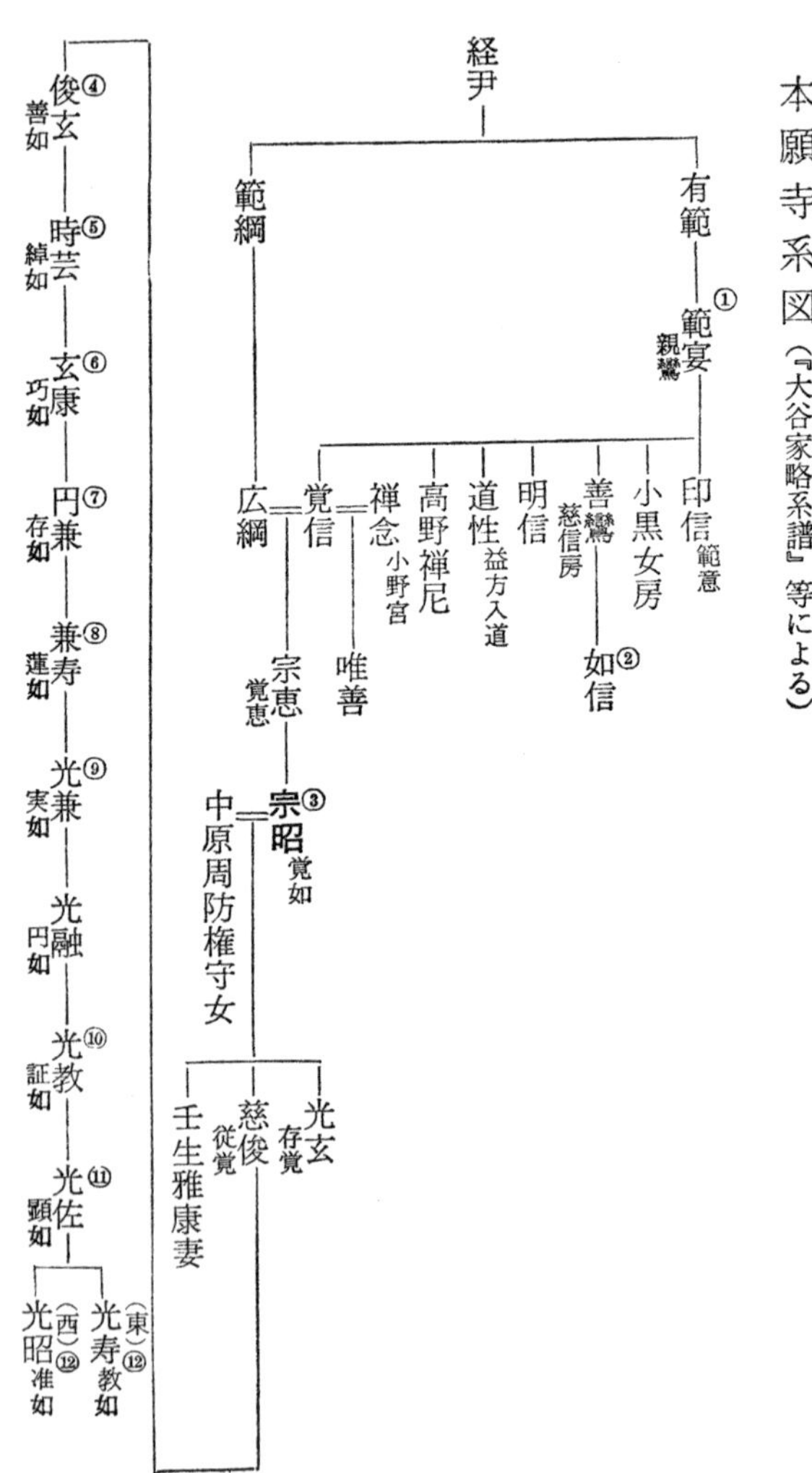

略年譜

年次	西暦	年齢	事蹟	参考事項
文永七	一二七〇	一	一二月二八日、三条富小路に生る（祖母覚信尼四七歳、父覚恵三五歳）	（親鸞滅後八年）
八	一二七一	二		九月一二日、幕府、日蓮を捕え滝口に斬らんとするも、のち佐渡に流す
九	一二七二	三	八月二〇日、母周防権守中原某女死す○冬ごろ、大谷廟堂建立さる	五月、高麗の使者、元の国書を携え来る
一一	一二七四	五	秋ごろ、慈信房澄海に就学す	四月二七日、禅念は大谷廟堂敷地を覚信尼の所有とす○五月一二日、日蓮、身延山久遠寺を開く○一〇月五日、蒙古来襲す
建治元	一二七五	六		九月七日、幕府、蒙古の使者を滝口に斬る○禅念死す
三	一二七七	八	八月一六日、覚如、慈信房澄海より『初心抄』五帖を授けらる	一一月一日、如信、下女びわ女を覚信尼より預る○同月七日、覚信、敷地を廟堂に寄進す

年号	西暦	年齢	事項	一般事項
弘安 元	一二七八	九		一〇月三日、澄海、大谷南地を良海に譲る
二	一二七九	一〇		七月二九日、時宗、元使を斬る○八月二〇日、時宗、宋僧祖元を建長寺におらしむ
五	一二八二	一三	夏ごろ、竹なか宰相法印宗澄に就学す	一二月八日、時宗、円覚寺を建立す
六	一二八三	一四	園城寺南滝院の浄珍に誘拐さる○興福寺一乗院の信昭の室に入る○大和菅原の覚昭に給仕す	一一月二四日、覚信尼、大谷廟堂の沙汰を覚恵に譲る（最後状）
八	一二八五	一六		覚信尼死す、六四歳（一説に弘安一〇年一一月二三日死す）
九	一二八六	一七	一〇月二〇日、印寛により出家受戒す	
一〇	一二八七	一八	一一月一九日、如信より他力法門を伝受す	
正応 元	一二八八	一九	冬ごろ、唯円に法門を問う	
二	一二八九	二〇		二月六日、唯円死す、六八歳
三	一二九〇	二一	三月、父覚恵とともに、親鸞の遺跡を巡拝す。途中、相模余綾山中にて、善鸞・如信に面謁す○六月四日、長子存覚生る	二月一三日、幕府、造作修理等の費用を百姓に課するを禁じ、人身売買・沽酒を禁ず
五	一二九二	二三	春ごろ、関東より帰洛し、大谷に居住す○阿日房	三月六日、善鸞死す、八一歳（一説に

永仁 二	一二九四	二五	彰空に就学す○勝縁に一念義を学ぶ	弘安九年死す、七〇歳）
三	一二九五	二六	『報恩講私記』を作る 一〇月一二日、『親鸞聖人伝絵』を作る○第二子従覚生る	日像、日蓮宗を京都に説く
四	一二九六	二七	澄海らの鈔物・秘書類を良海から譲られ、これらにつき、隆寛の思想を学ぶ	このころ、唯善、大谷に居住す○七月一七日、門弟ら、大谷南地を買得し、廟堂に寄進す
正安 二	一三〇〇	三一		正月四日、如信死す、六六歳○七月五日、幕府、徳政を行う
三	一三〇一	三二	一一月一九日、長井導信の依頼により、『拾遺古徳伝』を起草し、一二月五日、草了す	冬ごろ、長井導信、唯善の陰謀を告ぐ○一二月、唯善、廟堂管領の院宣を請う言上書を出す
四	一三〇二	三三	訴訟費用募金のため、東国に下向す○五月二〇日父覚恵より大谷廟堂の留守を譲らる	二月一〇日、唯善を斥ける院宣出さる○一〇月、存覚、慶海に就学す
嘉元 元	一三〇三	三四		専修念仏の停止に関し、唯善、幕府より安堵の下知状をうる○一〇月一〇日存覚、東大寺にて受戒す
二	一三〇四	三五		五月五日、存覚、経恵に就学す○一一月存覚、叡山にて受戒す

年号	西暦	年齢	事項	関連事項
徳治 元	一三〇六	三七		一一月、唯善、大谷に押入り、覚恵、衣服寺に避く
二	一三〇七	三八	一〇月六日、東国下向の途中、岡道場にて、『上宮太子御記』を披見し、和田宿坊において書写す○奥州野辺の了専・了意父子とともに奥州に赴く。このたち、延慶三年留守職就任まで、法興院辻子や宇治三室戸に居住す	四月一二日、覚恵死す、六九歳○存覚叡山横川の四季講の講衆に列す○一〇月、存覚、彰空に就学す○一一月二〇日、後宇多法皇、東大寺において受戒す
延慶 元	一三〇八	三九	関東の門弟上洛し、唯善の追却を覚如に訴う。よって奔走す○このころ、今出川上﨟と小野宮中将師具の女に通ず	存覚、証聞院の尊勝陀羅尼の供僧となる○一月二六日、後宇多法皇、東寺にて灌頂を修す
二	一三〇九	四〇	七月上旬、唯善と青蓮院にて対決す○七月一九日青蓮院門跡の裁決により、唯善に勝つ○七月二六日、門弟へあて懇望状を書く	正月、存覚、証聞院に居住す○唯善、親鸞影像・遺骨を奪い、鎌倉常葉に逃走下す○間性善、大谷の留守を預る○一二月、小野宮師具の女死す
三	一三一〇	四一	正月、東国へ下向す○秋ごろ、東国門弟の同意を得て、大谷に還住し、留守職に就任す○一一月二八日、鏡御影を修復す	存覚、覚如のために勧進状を書く○一〇月、存覚、証聞院を去り、大谷に帰住す○大谷廟堂に親鸞影像を再興す
応長 元	一三一一	四二	五月、存覚を伴い越前に下向し、大町如道の許に滞在す○伊勢に赴く○冬ごろ、奥州へ下向す	閏六月二五日、覚如の妻播磨局（存覚母）死す、四六歳

年号	西暦	年齢	事項	一般事項
正和 元	一三一二	四三	正月四日、如信の旧跡にて一三回忌を修す○夏ごろ、法智のすすめにより、大谷堂舎に専修寺の額を掲げんとす○秋ごろ、叡山の反対により、専修寺の額を撤す○一〇月下旬、今出川上臈を離別し相如を娶る（一九歳）	一〇月、無住死す
二	一三一三	四四		一二月二二日、下間性善（仙芸）死す四〇歳
三	一三一四	四五	春ごろ、存覚とともに、尾張に下向す○一二月二五日、存覚に留守職を譲る○一二月二八日、法智より、灯明料五〇〇疋を与えらる○このころ、久遠寺を創建か	三月一七日、春日神木入洛す○閏三月四日、石清水八幡宮神人、神輿を奉じて入洛す
四	一三一五	四六	春ごろ、大谷堂舎を出て、一条大宮の窪寺附近に借住す○『閑窓集』を編集す	
五	一三一六	四七		一二月、存覚、奈有を娶る
文保 元	一三一七	四八	八月下旬、存覚夫妻とともに、天王寺へ参詣す○相如（御領殿）を離別す	一月三日、京都に大地震あり、のち数カ月間止まず
二	一三一八	四九	二月、善照房を娶る（一九歳）	二月二六日、後醍醐天皇即位す
元応 元	一三一九	五〇	三-四月、覚恵一三回忌を、大谷と東山真如堂にて修す○五月、存覚を伴い、三河・信濃に布教し	一月一九日、東大寺八幡宮神輿入洛す

年号	西暦	年齢	事項	一般事項
元応 二	一三二〇	五一	飯田寂円を勘気に付し、善教を直参とす	この年以降、了源、興正寺を草創す
元亨 元	一三二一	五二	空性房了源、門下に入る。存覚に指導さす	二月、親鸞門弟言上書に本願寺の寺号初見す
二	一三二二	五三	三月九日、北野聖廟に詩歌をささぐ 六月二五日、存覚の留守職を剥奪し義絶す○女子(のち壬生雅康室)生る	五月、存覚、宮中最勝講の表白文を作る○六月二五日、存覚、大谷を退出し牛王子辻子に寄宿す、ついで奥州にて越年す
三	一三二三	五四	一二月一二日、如信画像を修復し、裏書を加う	三月晦日、存覚、奥州より近江瓜生津に到着し、五月、入洛ののち興正寺に入住す○関東門弟ら四四名、存覚の義絶解除のための連署状をつくる
正中 元	一三二四	五五	四月六日、妙香院門主慈慶の下知状により、留守職と存覚義絶を認めらる	存覚、了源のために『諸神本懐集』(正月一二日)・『持名鈔』(三月一三日)・『浄土真要鈔』(四月六日)・『破邪顕正抄』(八月二二日)・『女人往生聞書』(今年中)を著わす○存覚、彼岸の中日に際し、興正寺彼岸会の供養をつとむ○一〇月四日、幕府、討幕の謀によ

	二	一三二五	五六		り、日野資朝・同俊基を鎌倉に護送す(正中の変) 八月、幕府、日野資朝を佐渡に流し、同俊基を赦免す
嘉暦	元	一三二六	五七	九月五日、『執持鈔』を著わす	
	二	一三二七	五八		秋ごろ、了源、存覚一家の住坊を建つ。今出川上﨟助成す
	三	一三二八	五九		このころ、存覚、興正寺を仏光寺と改名す
元徳	二	一三三〇	六一		二月、存覚、仏光寺の彼岸の中日の供養会の導師を、聖道の儀式で勤む。このころまでに、仏光寺、山科より京都渋谷に移転す
元弘	元	一三三一	六二	一一月、『口伝鈔』を著わす	正月二二日、存覚、関東へ下向のため、渋谷を出発す○五月五日、幕府、日野俊基を捕え、鎌倉に送る○九月一四日楠木正成、兵をあぐ
正慶	元	一三三二	六三	正月四日、奥州の如信の旧跡にて、三三回忌を修し、廿四輩を定めたといわる(『大谷本願寺通紀』)	三月七日、幕府、後醍醐天皇を隠岐に遷す○六月二日、幕府、日野資朝を佐

年号	西暦	年齢	事項	一般事項
				渡に殺す○同月三日、幕府、日野俊基を鎌倉に殺す
正慶 二	一三三三	六四	○六月一六日、守邦親王より、本願寺ならびに久遠寺を祈禱所とし、留守職を安堵する旨の令旨をうる（現存公文書に本願寺号の出るはじめ） 六月一六日、護良親王より、本願寺ならびに久遠寺を祈禱所とし、留守職を安堵する旨の令旨をうる	二月二日、従覚長子光養丸（善如）生る○四月二五日、従覚、『末燈鈔』を編集す○五月二一日、新田義貞、鎌倉を陥る○六月一三日、護良親王、征夷大将軍となる○秋ごろ、存覚、関東より仏光寺に帰着す○一一月三日、青蓮院門跡慈道親王より、門弟らにあて影堂ならびに敷地は、門弟らの進止たるべき旨の安堵状出さる
建武 元	一三三四	六五	五月九日、青蓮院門跡慈道親王より、留守職安堵状をうる	仏光寺本尊開眼供養行わる○存覚の子光威丸、仏光寺にて生る○一一月一五日、護良親王、鎌倉に流さる
二	一三三五	六六		正月八日、仏光寺了源、伊賀布教中暗殺さる○七月二三日、足利直義、護良親王を殺す○八月九日、足利尊氏、征夷大将軍となる

年号	西暦	年齢	事項	一般事項
三	一三三六	六七	戦火をさけるため、近江瓜生津で越年す。不在中大谷御影堂や親鸞影像が焼失す	一〇月一〇日、天皇叡山にさく〇同月一一日、尊氏入京す〇八月一五日、尊氏、光明院を擁立す
四	一三三七	六八	春ごろ、近江より帰洛し、久遠寺に入り、ついで壬生雅康邸に移る〇八月一日、『本願鈔』を著わす〇九月二五日、『改邪鈔』を著わす	一月一日、高師泰、義貞を越前金崎城に攻む
暦応元	一三三八	六九	九月、瓜生津愚咄の斡旋をうけ、存覚の義絶をとく〇同月二二日、存覚の坊舎を訪れ、歌をよむ〇一〇月ごろ、存覚とともに、鎌倉常葉へ親鸞御影を迎えにゆくも、途中尾張より引きかえす〇一一月、高田専空の尽力により、本願寺の建物を三六貫で買い取り、大谷に移建す	三月、存覚、備後国府守護の前にて、法華宗徒と宗論し、これを屈服す〇このころ、存覚、『顕名鈔』『歩船鈔』『決智鈔』『報恩記』『選択註解鈔』を著わす〇閏七月二日、義貞、斯波高経と越前藤島に戦い死す
二	一三三九	七〇	四月一二日、覚恵三三回忌を壬生雅康邸に修す〇秋ごろ、雅康邸より大谷に還住す〇八月一五日、大谷で観月を詠ず〇一一月二八日、留守職継承のことに関し、置文四通を書く	存覚夫妻、雅康邸より大谷に還住す〇秋ごろ、北畠親房、『神皇正統記』を著わす〇一〇月五日、尊氏・直義、天龍寺を創建す
三	一三四〇	七一	九月二四日、『願々鈔』を著わす	二月、親房、『職原抄』を著わす
康永元	一三四二	七三	再び存覚を義絶す〇一二月二四日、留守職安堵・存覚義絶のことに関し、青蓮院若宮の令旨をうる	四月二三日、幕府、五山十刹を定む〇八月一一日、高師冬、常陸関城を攻む

康永二	一三四三	七四	四月二六日、『最要鈔』を著わす	存覚の第四子光威丸（綱厳）出家し、東大寺で受戒す
三	一三四四	七五	一一月七日、名帳・絵系図等の禁制状に、空如以下の連署を加えさせる	一〇月、『親鸞聖人門弟交名牒（三河妙源寺本）』成る○一二月ごろ、関東門弟ら、存覚赦免運動のため上洛す
貞和二	一三四六	七七	閏九月一日、奈良春日社にて歌をよむ○一〇月一六日、大原勝林院にて歌をよむ○一二月中旬ごろ大谷域内の竹杖庵にて歌をよむ	大和願西ら、覚如へ和談をはかる
三	一三四七	七八	八月一日、従覚より水晶念珠を贈られ、歌を贈答す○一二月二八日、『尊師和讃鈔』を編集す	八月一〇日、楠木正行の兵、紀伊隅田城を攻む○存覚、慈空をして安養寺に学ばす
四	一三四八	七九	二月二四日、桜花につき、宗康（光養丸、善如）とともに歌をよむ○四月初ごろ、従覚・宗康とともに、天の橋立に遊ぶ	一月五日、正行、四条畷に戦死す○夏ごろ、存覚、木部慈空の仲介により、宝塔院叡憲のために、『信貴山鎮守講式』を執筆す
五	一三四九	八〇		五月二一日、善照尼死す、五〇歳○九月晦日、存覚、日野時光を訪れ、義絶解除の斡旋を依頼す○一〇月ごろ、存覚、学円を三河に遣わし、和田門徒に

				和解斡旋を依頼す
観応 元	一三五〇	八一	二月、久遠寺の善照尼の墓を訪れ、歌をよむ○八月五日、存覚に赦免状を出す○同月二八日、存覚を寺務職につけない旨の置文を書く○一一月二一日、宗康（善如）へ別当職譲状を書く	従覚の子、光長丸死す、一三歳○一〇月二六日、直義、尊氏に叛し、京都を出て大和へ行く○一一月二九日、存覚河内大枝へ下向す
二	一三五一	八二	正月八日、法心を使とし、書状を河内滞在中の存覚に与える○同月一七日、病態となる○同月一九日、死す○同月二三日、葬儀行わる○同月二四日拾骨行わる	一月七日、直義、八幡に入る○同月一三日、法心、帰京の途につく○同月二〇日、存覚上洛す○二月二〇日、尊氏直義和す○四月七日、存覚、円寂に命じ、覚恵・覚如の影像を描かす○七月七日、錦織寺慈空死す

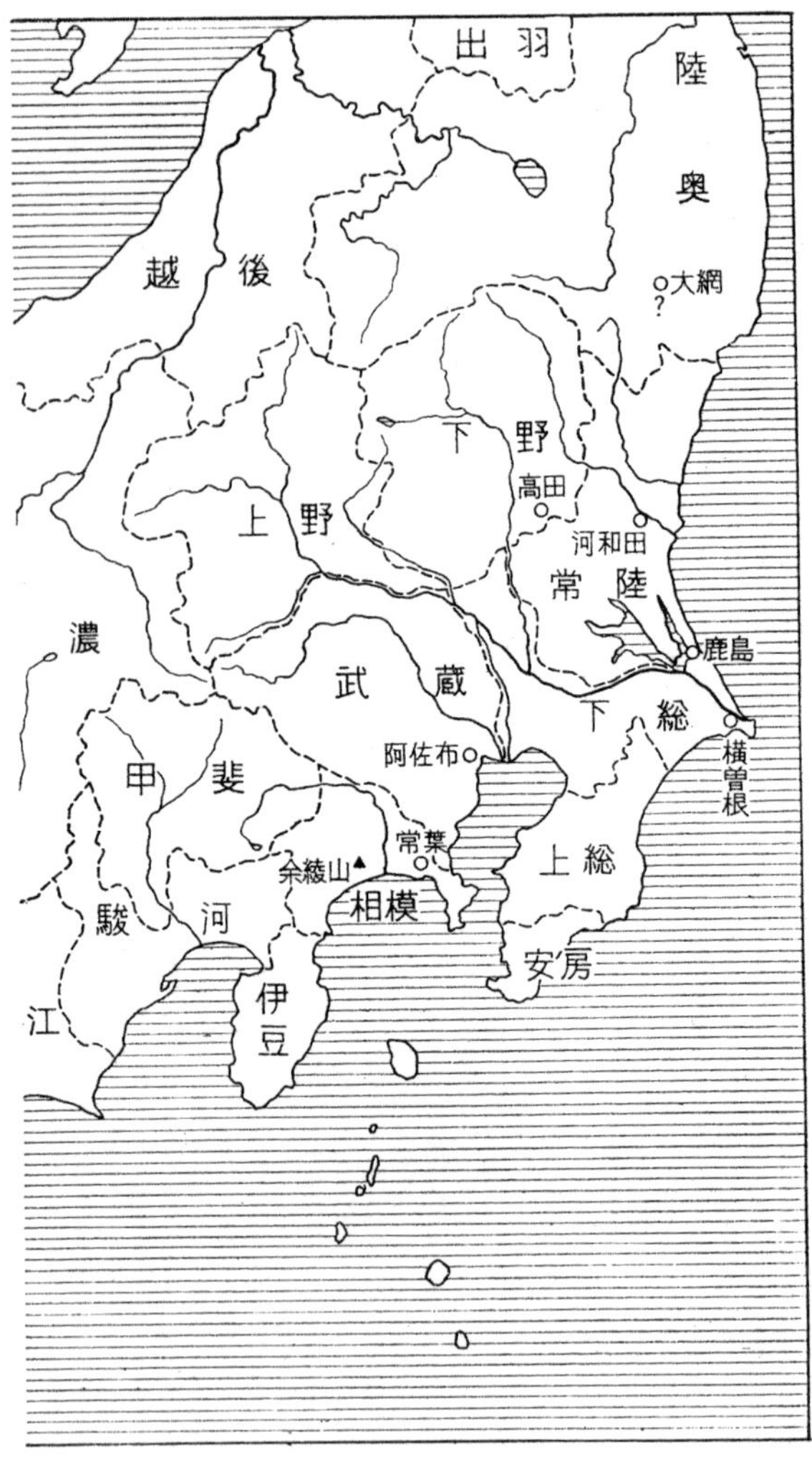
出羽
陸奥
越後
大網
?
下野
高田
上野
河和田
常陸
濃
鹿島
武蔵
下総
横曽根
阿佐布
甲斐
常葉
上総
余綾山
相模
駿河
安房
伊豆
江

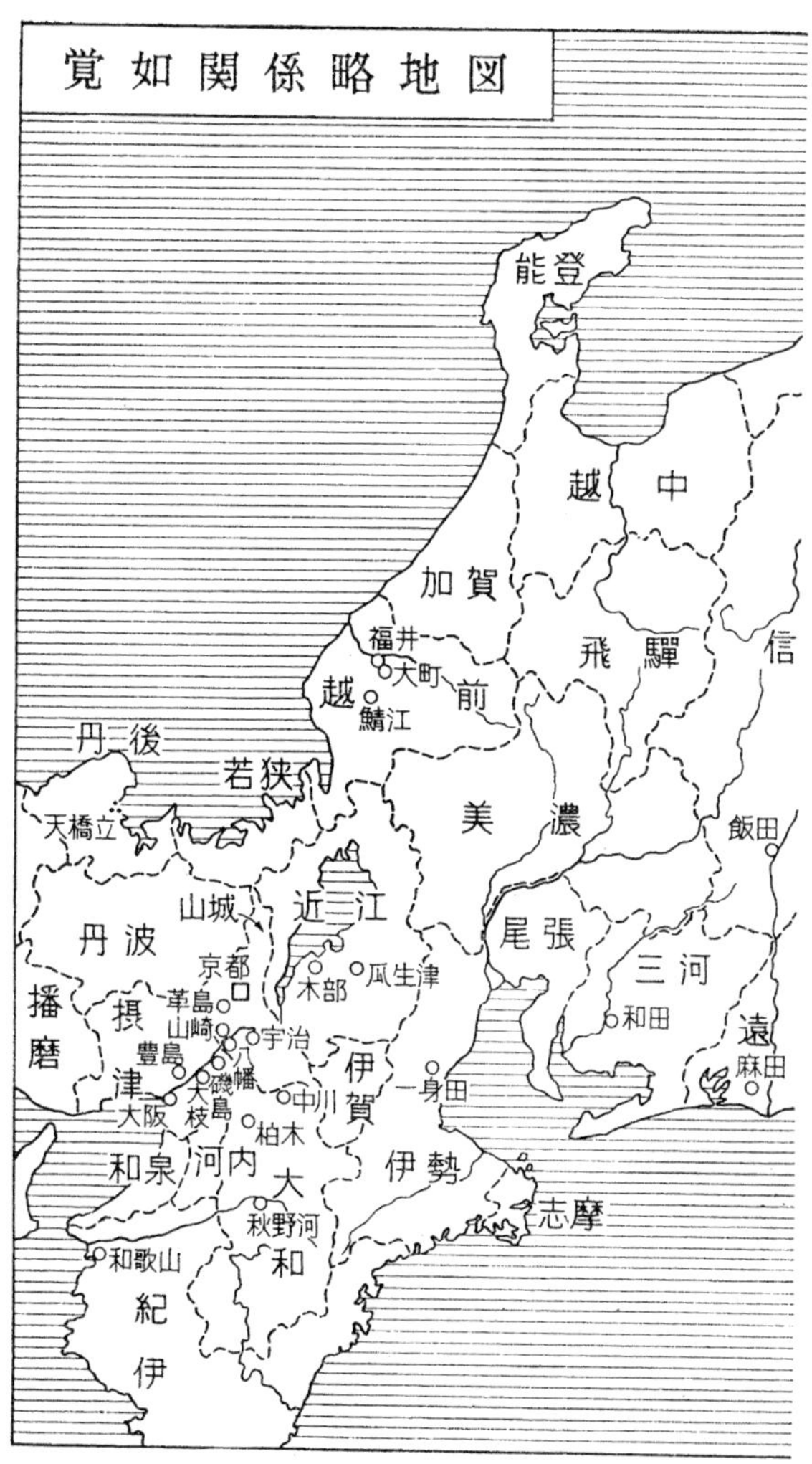
覚如関係略地図
能登
越
中
加賀
福井
大町
越
前
鯖江
飛
驒
信
丹後
若狭
天橋立
美
濃
飯田
山城
近
江
丹
波
尾
張
京都
木部
瓜生津
三
河
播
磨
革島
摂
山崎
宇治
和田
遠
豊島
伊
麻田
津
八幡
中川
賀
身田
大阪
大枝
磯島
柏木
和泉
河内
大
伊勢
秋野河
志摩
和
和歌山
紀
伊

主要参考文献

史　料

『真宗聖教全書』所収

『口伝鈔』『執持鈔』『願願鈔』『最要鈔』『本願鈔』『出世元意』『改邪鈔』『持名鈔』『女人往生聞書』

『浄土真要鈔』『破邪顕正鈔』『決智鈔』『歩船鈔』『顕名鈔』『浄土見聞集』『親鸞聖人伝絵』『報恩講私記』

『歎徳文』『拾遺古徳伝絵詞』『慕帰絵詞』『最須敬重絵詞』『蓮如上人御一代聞書』『反故裏書』

『真宗全書』所収

『本福寺跡書』『叢林集』『正統伝後集』『大谷本願寺通紀』『仏光寺系図』

『存覚上人袖日記』（大正一二年　興教書院）

『三本対照親鸞聖人門弟交名牒』（昭和八年　丁子屋書店）

『三河念仏相承日記』（右と合本）

『本願寺文書』

『専修寺文書』

著書

谷下一夢『存覚一期記の研究並解説』 昭和一八年 真宗学研究所
村上専精『真宗全史』 大正五年 丙午出版社
三浦周行『日本史の研究』 大正一一年 岩波書店
上原芳太郎『初期の本願寺』 昭和八年 真宗学研究所
山田文昭『真宗史の研究』 昭和九年 破塵閣書房
山田文昭『真宗史稿』 昭和九年 破塵閣書房
日下無倫『真宗史の研究』 昭和六年 平楽寺書店
梅原真隆『覚如上人』 昭和二七年 専長寺
梅原隆章『真宗史の諸問題』 昭和三四年 顕真学苑
赤松俊秀『鎌倉仏教の研究』 昭和三六年 平楽寺書店
宮崎円遵『続親鸞とその門弟』 昭和三六年 永田文昌堂
藤原猶雪『親鸞聖人伝絵の研究』 昭和二九年 法蔵館
藤季涳『愚暗記返札の研究』 昭和一〇年 顕真学苑

高嶋米峰『本願寺 歴史とその信仰』 昭和三二年 学風書院

本願寺史編纂所編『本願寺史』第一巻 昭和三六年 西本願寺宗務所

井上鋭夫『本 願 寺』 昭和三七年 至文堂

重松明久『日本浄土教成立過程の研究』 昭和三九年 平楽寺書店

論文

斎藤唯信「覚如上人の教義」 大正六年『無尽燈』二二巻四・五号

藤原猶雪「覚如上人著述雑考」 同右

住田智見「覚如上人と異義者」 同右

山上正尊「覚如上人と浄土異流に就て」 同右

金子大栄「覚如上人と宗祖との関係」 同右

上杉文秀「覚如上人と蓮如上人との関係」 同右

中島覚亮「覚如上人と存覚上人との教理関係」 同右

山田文昭「親鸞上人より覚如上人に至る 真宗教団の史的概観」 同右

佐々木篤祐「了源上人の研究」　大正一二年『仏光叢誌』八〇号

長岡仙覚「覚如・存覚不和の原因に就いての一考察」　大正一一年『史学雑誌』三三編七号

福尾猛市郎「備後南部における初期明光派真宗教団に関する新知見」　昭和三八年　小倉豊文編『地域社会と宗教の史的研究』所収

藤嶋達朗「本願寺聖人伝絵について」　昭和三九年　東本願寺蔵『本願寺聖人伝絵』複製本解説

著者略歴

大正八年生れ
昭和十八年広島文理科大学史学科（国史学専攻）卒業
福井大学教授、広島大学教授、福山市立女子短期大学学長、中津女子短期大学学長等を歴任、文学博士
平成元年没

主要著書
日本浄土教成立過程の研究　中世真宗思想の研究　古代国家と道教　古代国家と宗教文化　本願寺百年戦争　八幡宇佐宮御託宣集〈編〉

人物叢書　新装版

覚如

昭和三十九年十二月　十　日　第一版第一刷発行
昭和六十二年　五月　一　日　新装版第一刷発行
平成　九　年　七月　十　日　新装版第三刷発行

著　者　重松明久（しげまつあきひさ）
編集者　日本歴史学会
代表者　児玉幸多
発行者　吉川圭三
発行所　株式会社　吉川弘文館
東京都文京区本郷七丁目二番八号
郵便番号一一三
電話〇三―三八一三―九一五一〈代表〉
振替口座〇〇一〇〇―五―二四四
印刷＝平文社　製本＝ナショナル製本

『人物叢書』(新装版)刊行のことば

人物叢書は、個人が埋没された歴史書が盛行した時代に、「歴史を動かすものは人間である。個人の伝記が明らかにされないで、歴史の叙述は完全であり得ない」という信念のもとに、専門学者に執筆を依頼し、日本歴史学会が編集し、吉川弘文館が刊行した一大伝記集である。

幸いに読書界の支持を得て、百冊刊行の折には菊池寛賞を授けられる栄誉に浴した。

しかし発行以来すでに四半世紀を経過し、長期品切れ本が増加し、読書界の要望にそい得ない状態にもなったので、この際既刊本の体裁を一新して再編成し、定期的に配本できるような方策をとることにした。既刊本は一八四冊であるが、まだ未刊である重要人物の伝記についても鋭意刊行を進める方針であり、その体裁も新形式をとることとした。

こうして刊行当初の精神に思いを致し、人物叢書を蘇らせようとするのが、今回の企図である。大方のご支援を得ることができれば幸せである。

昭和六十年五月

日本歴史学会

代表者　坂本太郎

〈オンデマンド版〉
覚 如

人物叢書 新装版

2021年（令和3）10月1日 発行

著 者 重松明久（しげまつあきひさ）
編集者 日本歴史学会
代表者 藤田 覚
発行者 吉川道郎
発行所 株式会社 吉川弘文館
〒113-0033 東京都文京区本郷7丁目2番8号
TEL 03-3813-9151〈代表〉
URL http://www.yoshikawa-k.co.jp/
印刷・製本 大日本印刷株式会社

重松明久（1919～1989）

ISBN978-4-642-75075-2